T0209474

essentials

essentials liefern aktuelles Wissen in konzentrierter Form. Die Essenz dessen, worauf es als „State-of-the-Art" in der gegenwärtigen Fachdiskussion oder in der Praxis ankommt. *essentials* informieren schnell, unkompliziert und verständlich

- als Einführung in ein aktuelles Thema aus Ihrem Fachgebiet
- als Einstieg in ein für Sie noch unbekanntes Themenfeld
- als Einblick, um zum Thema mitreden zu können

Die Bücher in elektronischer und gedruckter Form bringen das Fachwissen von Springerautor*innen kompakt zur Darstellung. Sie sind besonders für die Nutzung als eBook auf Tablet-PCs, eBook-Readern und Smartphones geeignet. *essentials* sind Wissensbausteine aus den Wirtschafts-, Sozial- und Geisteswissenschaften, aus Technik und Naturwissenschaften sowie aus Medizin, Psychologie und Gesundheitsberufen. Von renommierten Autor*innen aller Springer-Verlagsmarken.

Weitere Bände in der Reihe https://link.springer.com/bookseries/13088

Andreas Engelen · Oliver Schneider

Die Strategien digitaler Champions

Andreas Engelen
Lehrstuhl für BWL, insb. Management
Heinrich-Heine-Universität Düsseldorf
Düsseldorf, Deutschland

Oliver Schneider
Lehrstuhl für BWL, insb. Management
Heinrich-Heine-Universität Düsseldorf
Düsseldorf, Deutschland

ISSN 2197-6708   ISSN 2197-6716 (electronic)
essentials
ISBN 978-3-658-35939-3   ISBN 978-3-658-35940-9 (eBook)
https://doi.org/10.1007/978-3-658-35940-9

Die Deutsche Nationalbibliothek verzeichnet diese Publikation in der Deutschen Nationalbibliografie; detaillierte bibliografische Daten sind im Internet über http://dnb.d-nb.de abrufbar.

Planung/Lektorat: Claudia Rosenbaum
Springer Gabler ist ein Imprint der eingetragenen Gesellschaft Springer Fachmedien Wiesbaden GmbH und ist ein Teil von Springer Nature.
Die Anschrift der Gesellschaft ist: Abraham-Lincoln-Str. 46, 65189 Wiesbaden, Germany

Was Sie in diesem *essential* finden können

- Einführung in das strategische Vorgehen digitaler Champions
- Aufzeigen der Unterschiede zur klassischen Strategielehre
- Handlungsanreize für traditionelle Unternehmen

Inhaltsverzeichnis

1	**Einleitung**	1
2	**A.1: Lean Analytics**	5
	Beobachtung	5
	Erklärung	6
	Anwendung	9
	Zentrale Quellen	10
3	**A.2: Customer Centricity**	11
	Beobachtung	11
	Erklärung	12
	Anwendung	14
	Zentrale Quellen	15
4	**A.3: On-Demand-Orientierung**	17
	Beobachtung	17
	Erklärung	18
	Anwendung	20
	Zentrale Quellen	21
5	**B.Pre.1: Lead from the Future**	23
	Beobachtung	23
	Erklärung	24
	Anwendung	27
	Zentrale Quellen	28
6	**B.Pre.2: Kollisive Innovation**	29
	Beobachtung	29

Erklärung 30
Anwendung 32
Zentrale Quellen 33

7   B.Early.1: Flywheel 35
Beobachtung 35
Erklärung 36
Anwendung 38
Zentrale Quellen 39

8   B.Early.2: Experimentation at Scale 41
Beobachtung 41
Erklärung 43
Anwendung 45
Zentrale Quellen 46

9   B.Mature.1: Digitale Strategiematrix 47
Beobachtung 47
Erklärung 48
Anwendung 50
Zentrale Quellen 51

10 B.Mature.2: Konsum-Ökosysteme 53
Beobachtung 53
Erklärung 54
Anwendung 56
Zentrale Quellen 57

Im Februar 2021 basierte das Geschäftsmodell von sieben der zehn wertvollsten Unternehmen weltweit (Apple, Microsoft, Amazon, Alphabet, Facebook, Tencent und Alibaba) zu großen Teilen auf digitalen Technologien. 15 Jahre früher war in der Liste dieser Top-10-Unternehmen nur ein einziger wesentlicher digitaler Player aufgeführt (Microsoft). Eine ähnliche Entwicklung zeigt sich auch auf der Ebene einzelner Industrien, in denen primär digital getriebene Unternehmen stetig wachsende Marktanteile verzeichnen. Für die Strategielehre hat diese Entwicklung besondere Relevanz: Diese digitalen Champions verfolgen andere strategische Ansätze als sogenannte klassische Unternehmen. Plattformgeschäftsmodelle digitaler Champions etwa verändern die Wettbewerbsstrukturen in ganzen Industrien. Entsprechend müssen sich auch originär nicht-digitale Unternehmen mit den Besonderheiten der Strategie der digitalen Champions auseinandersetzen.

Einige Besonderheiten der Strategiefindung und -implementierung digitaler Champions lassen sich ausmachen. Beispielsweise sind sie sehr datenorientiert (Davenport, 2014) und, insbesondere bei ihrer Implementierung, deutlich stärker kundenzentriert als produktzentriert. Eine weitere zentrale Besonderheit zeigt sich in Bezug auf die Bedeutung der internen Ressourcen. Während klassische Strategieprozesse zentral darauf abzielen, intern nicht-imitierbare Ressourcen aufzubauen, die dann einzigartige Wettbewerbsvorteile im Markt ermöglichen, verfolgen digitale Champions diese Strategie nicht in Bezug auf alle für den Wettbewerbsvorteil notwendigen Ressourcen. In Plattformmodellen ist es vielmehr erforderlich, die Ressourcen anderer Unternehmen zu nutzen und auf einer Technologieplattform für Kunden zugänglich zu machen (Parker et al., 2016).

Diese Besonderheiten digitaler Strategien passen nicht zu allen Facetten der Strategielehre, wie sie wesentlich durch die Arbeiten von Michael Porter geprägt

© Der/die Autor(en), exklusiv lizenziert durch Springer Fachmedien Wiesbaden GmbH, ein Teil von Springer Nature 2021
A. Engelen und O. Schneider, *Die Strategien digitaler Champions*, essentials, https://doi.org/10.1007/978-3-658-35940-9_1

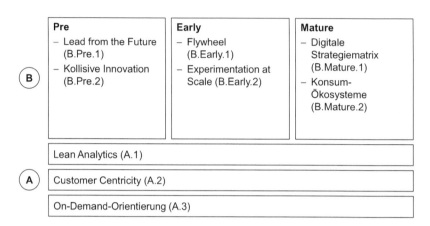

Abb. 1.1 Digitale Strategie-Tools

wurde. Im klassischen Strategieprozess erfolgt die Analyse der internen und externen Gegebenheiten als erster Schritt (Porter, 1985). Sicherlich analysieren auch digitale Unternehmen diese Gegebenheiten vor dem Marktantritt, bei der Strategieimplementierung aber steht bei ihnen datengetriebenes Optimieren im Fokus. Im klassischen Strategieprozess folgt dann die Auswahl der Industrie (beispielsweise auf Basis der Five Forces von Porter), in der das Unternehmen einen Wettbewerbsvorteil erzielen will. Digitale Champions jedoch operieren oft nicht in nur einer Industrie, sondern in einer Vielzahl von Industrien, folgen also nicht der klassischen Logik.

Das Repertoire an Tools der klassischen Strategielehre reicht also nicht aus, um die strategischen Entscheidungen der digitalen Champions zu erklären. Um diese Lücke zu schließen, zeigen wir in den folgenden Ausführungen auf, welche „neuen" Tools der Strategiefindung und Strategieimplementierung digitale Champions nutzen. Um diese neuen Tools strukturiert darzustellen, folgen wir der in Abb. 1.1 dargestellten Logik. Wir unterscheiden zwischen drei Querschnittstools (A) und sechs Kern-Tools (B). Die Querschnittstools beschreiben grundlegende Fähigkeiten, die digitale Champions in allen drei Stufen bei der Anwendung der jeweiligen Kerntools unterstützen. Dabei handelt es sich um den Lean-Analytics-Ansatz (A.1), die Customer Centricity (A.2) und die On-Demand-Orientierung (A.3).

Die sechs Kerntools ordnen wir drei Stufen in einem Prozess zu. Lead from the Future (B.Pre.1) und die kollisive Innovation (B.Pre.2) bilden den Einstieg in der Phase vor einem Markteintritt. In der frühen Markteintrittsphase werden das Flywheel-Konzept (B.Early.1) und Experimentation at Scale (B.Early.2) relevant, bevor in der Reifephase die digitale Strategiematrix (B.Mature.1) und Konsum-Ökosysteme (B.Mature.2) an Bedeutung gewinnen.

Zentrale Quellen

Davenport, T. (2014). *Big data at work: Dispelling the myths.* Harvard Business Review Press.
Parker, G. G., van Alstyne, M. W., & Choudary, S. P. (2016). *Platform revolution: How networked markets are transforming the economy and how to make them work for you.* Norton & Company.
Porter, M. (1985). *Competitive advantage: Creating and sustaining superior performance.* Free Press.

Beobachtung

Die meisten digitalen Champions beginnen ab Gründung, Fähigkeiten in der Generierung und Auswertung von Daten aufzubauen. Viele der in diesem Buch dargestellten strategischen Tools digitaler Champions sind nur anwendbar, wenn auf eine ausreichende Datenbasis (beispielsweise über das Kundenverhalten) zugegriffen werden kann. Ansonsten ist es kaum möglich, Experimente zielgerichtet durchzuführen oder ein Produkt bzw. einen Service schrittweise weiterzuentwickeln. Ebenso ist es nur möglich, ein Flywheel zu optimieren, wenn seine Bestandteile messbar und Aktivitäten zur Verbesserung seiner Variablen in Bezug auf ihren Erfolg bewertbar sind.

Aus diesem Grund überrascht es nicht, dass viele digitale Champions in ihren jeweiligen Branchen als Best-Practice-Beispiele für Datengenerierung und -auswertung gelten – so wie Netflix im Entertainment oder Peloton in der Fitnessindustrie (Davenport, 2014). Die Auswertung von Daten und die Optimierung des Produkts auf Basis dieser Daten ist jeweils ein zentraler Bestandteil ihrer Geschäftsmodelle. Solche Daten können in der Produktentwicklung – wie für Netflix in Beispiel 1 beschrieben – oder auch zur gezielten Kundenansprache und Optimierung des Angebots für einen Kunden verwendet werden.

Beispiel 1: Wie Netflix Produkte entwickelt
In der Entertainmentbranche gilt Netflix als zentraler Vorreiter für datengetriebene Entscheidungen, beispielsweise bei der Auswahl zu produzierender Formate. Um das Jahr 2010 entschloss sich Netflix, die Serie „Orange Is the New Black" aufzusetzen und in diese zu investieren, und zwar auf Basis datengetriebener Erkenntnisse

(Hastings & Meyer, 2020). Aus bestehenden Daten, die aus dem Nutzerverhalten im Streaming-Dienst generiert wurden, konnte Netflix drei Erkenntnisse ableiten:

- *Serien von Jenji Kohan, die bereits die Serie Weeds produziert hatte, kommen gut an*
- *Serien mit weiblichen Hauptfiguren kommen gut an*
- *Serien mit schwarzem Humor kommen gut an*

Die Serie „Orange Is the New Black" vereint diese drei Eigenschaften, und so hat Netflix schon vor der ersten Ausstrahlung die zweite Staffel – datenbasiert entschieden – beauftragt. Bis heute ist diese Serie eines der erfolgreichsten Formate von Netflix mit mittlerweile sieben Staffeln.

Erklärung

Analysiert man die Herangehensweise digitaler Champions bei der Datengenerierung und -auswertung, so fällt eine Gemeinsamkeit auf: sie gehen typischerweise sehr pragmatisch an Daten heran, sie erheben Daten nicht zum Selbstzweck, und sie gehen iterativ vor. Dies steht im Gegensatz zur sequenziellen Vorgehensweise vieler Großunternehmen bei Datenthemen: Großunternehmen investieren häufig zunächst signifikant in Datenstrukturen, Datenaufbereitung und Datenanreicherung, bevor mit der Analyse begonnen wird. Digitale Champions verfolgen typischerweise den als Lean Analytics bezeichneten Ansatz, der einem fünfstufigen Prozess folgt:

Im ersten Schritt beginnen digitale Champions mit der Definition der relevanten betriebswirtschaftlichen Fragestellung zu demjenigen Sachverhalt, den sie datenmäßig adressieren und optimieren wollen, wie das Beispiel 2 zur Stadt New York zeigt.

Beispiel 2: New York City
New York City gilt heute als ein Smart-City-Vorreiter. Die Stadt setzt zur Steuerung des Verkehrs und für viele andere städtische Aufgaben Analytics Tools ein, unter anderem auch sogenannte Prediction-Modelle, beispielsweise um kriminelle Aktivitäten vorhersagen zu können. Insgesamt investiert die Stadt heute bedeutende Ressourcen in ihre Analytics-Infrastruktur und baut diese weiter aus. Interessanterweise wurde mit sehr einfachen Analysen begonnen, beispielsweise mit einer auf Excel Tabellen basierenden Analyse, bei der die von Restaurants gemeldeten

Umsätze mit deren Abwasser- und Müllvolumen verglichen wurden. Aus dieser einfachen Gegenüberstellung konnten Restaurants mit geringen gemeldeten Umsätzen, aber großen Mengen an Abwasser und Müll identifiziert werden. Als diese von der Finanzbehörde überprüft wurden, konnte mit einer sehr hohen Trefferquote Steuerhinterziehung aufgedeckt werden. Dies unterstrich das Potenzial des gewählten Ansatzes, der grundsätzlich dem Lean-Analytics-Ansatz entsprach und daraufhin gezielt ausgeweitet wurde: Es wurde erst ein erfolgreicher Anwendungsfall kreiert, Vertrauen in Datenanalysen hergestellt und dabei gelernt, wo bereits grobe Daten hilfreich sein können, um danach gezielt zu investieren.

Anstatt sofort eine umfangreiche und teure Dateninfrastruktur aufzubauen und massiv in die IT zu investieren, fragen sich digitale Champions zunächst, was genau beantwortet und optimiert werden soll und welche Daten dabei wie helfen können. Konkrete Fragen, die sich Champions stellen, sind beispielsweise:

- Welche Informationen schaffen einen unmittelbaren Wettbewerbsvorteil?
- Durch die Verbesserung welcher Kennzahl würde sich die Unternehmensprofitabilität unmittelbar erhöhen?
- Welche Produkte/Produkteigenschaften sind für Kunden besonders wichtig?
- Welche betriebswirtschaftlichen Entscheidungen werden heutzutage eher aus dem Bauch heraus getroffen und wie könnten diese validiert werden?

Diese beispielhaften Fragen zeigen, dass datenbezogene Aktivitäten bei digitalen Champions unmittelbar mit dem Aufbau von Wettbewerbsvorteilen und eines besseren Kundenverständnisses einhergehen. Ist eine Fragestellung identifiziert, beginnen digitale Champions in einem zweiten Schritt mit dem Aufbau einer initialen Datenstruktur. Wichtig ist, dass bei einer identifizierten Fragestellung nicht unmittelbar eine „perfekte" Datenwelt aufgebaut, sondern zunächst ein pragmatischer Ansatz gewählt wird. Dieser baut auf Daten, die per Knopfdruck oder mit sehr geringem Aufwand verfügbar sind: auf interne Daten wie z. B. Aufzeichnungen des Besucherverhaltens auf der Webseite sowie auf externe Daten, die frei verfügbar, vertrauenswürdig und für die Frage geeignet sind.

Ist eine erste Datenbasis vorhanden, folgt der dritte Schritt: Die Durchführung erster Analysen auf Basis einfacher Datenmodelle und die Visualisierung der Ergebnisse. Solche ersten Analysen können einfache Modelle oder deskriptive Analysen sein. Ein erster Zusammenhang zwischen zwei Variablen, z. B. die Erhöhung der Absprungrate auf der Webseite durch eine bestimmte Preissetzung, kann bereits eine erste Erkenntnis liefern. Zentral ist in diesem Schritt, dass zunächst festgestellt werden kann, ob auf Basis der initialen Daten verwertbare Erkenntnisse überhaupt zu erwarten sind. Digitale Champions wissen, dass viele angedachte Analysen keinen Aufschluss bringen, beispielsweise weil erwartete Variablen doch nicht zusammenhängen oder keine Methode existiert, um die Daten auszuwerten oder Verzerrungen auszuschließen. Daher sollen die initialen Analysen der ersten Datenbasis eine Indikation geben, ob Ergebnisse zu erwarten sind. Relevante Fragestellungen von großer Bedeutung sind dabei:

- Welche ersten einfachen Analysen können durchgeführt werden, um ein Gefühl für mögliche Erkenntnisse aus den Daten zu entwickeln?
- Wie können die Ergebnisse visualisiert werden, sodass sie die Aufmerksamkeit des Top-Managements, aber auch möglichst vieler anderer Mitarbeiter bekommen?
- An wen und in welcher Visualisierung sollten die Ergebnisse unmittelbar kommuniziert werden?

Sind erste Indikationen aus den Daten ableitbar, gehen digitale Champions in einem vierten Schritt dazu über, diese Erkenntnisse in Aktivitäten zu überführen und den Erfolg zu messen. Deutet eine Analyse beispielsweise daraufhin, dass die Größe eines Fotos auf einer Webseite mit der Conversion Rate zusammenhängt, dann würde ein digitaler Champion auf Basis dieser Erkenntnis Tests auf der Webseite durchführen, bei denen die Größe des Fotos variiert. Ein solcher Tests würde so aufgebaut werden, dass nach Testende klar erkennbar ist, ob er erfolgreich war (beispielsweise: Anstieg der Conversion Rate durch Vergrößerung des Fotos bis zu einem bestimmten Punkt).

Ergibt sich im vierten Schritt eine Erkenntnis, dann gehen digitale Champions dazu über, den Analysetyp zu verfeinern und ihre Datenbasis auszubauen. Jetzt ist Evidenz vorhanden, dass die grundsätzliche Analyseidee zielführend ist und es sich lohnen kann, in einem fünften Schritt in den Ausbau und die Verfeinerung der Datenbasis zu investieren, um noch genauere Erkenntnisse zu generieren. Beispielhafte Fragestellungen können sein:

- Welche Datenquellen sollten intern angeschlossen werden, um die betrachtete Fragestellung vollumfänglich zu erfassen?
- Welche Daten sollten zusätzlich gekauft werden, um die Analysen zu verfeinern?
- Welche komplexen Auswertungsmöglichkeiten bestehen über bislang verwendete Methoden hinaus, die die Genauigkeit der Analysen erhöhen?
- Welche Mitarbeiter und Manager sollten kontinuierlich Zugriff auf ein Dashboard mit den relevanten Analyseergebnissen haben?

Iterationen entsprechend der Verwendbarkeit der Ergebnisse

Abb. 2.1 Fünfstufiger Prozess des Lean-Analytics-Konzepts

- Wie können die auf der Basis der Erkenntnisse durchgeführten Maßnahmen bewertet werden?

Zeigt sich im vierten Schritt allerdings, dass kaum Erkenntnisse zu erwarten sind (weil es beispielsweise zwischen Gruppen in einem Test keine Unterschiede gibt), dann gehen digitale Champions nicht in den fünften Schritt über – jedenfalls nicht für diese konkrete Analyseform –, sondern starten vielmehr wieder mit dem ersten Schritt und überlegen sich, welche anderen betriebswirtschaftlich relevanten Fragestellungen zur Verbesserung der Wettbewerbsfähigkeit sinnvoll sein könnten.

Abb. 2.1 fasst den der Lean-Analytics-Logik zugrunde liegenden Prozess zusammen.

Anwendung

Unternehmen sollten eine klare Zielorientierung bei Datenthemen verfolgen
Mit der betriebswirtschaftlich interessantesten Fragestellung zu beginnen, ist elementarer Bestandteil des Lean-Analytics-Ansatzes digitaler Champions. Nur wenn diese Fragestellung und die zu verstehende oder zu optimierende Zielgröße definiert sind, können zielgerichtet Daten generiert werden. Diese Vorgehensweise stellt sicher, dass sich Unternehmen nicht in der Menge möglicher Datenquellen und Tätigkeiten der Datenaufbereitung verlieren und über lange Zeit zwar Ressourcen investieren, aber keine Erkenntnisse für die unmittelbare Umsetzung gewinnen. Lean Analytics verfolgende Unternehmen verstehen, dass es zu den meisten Fragestellungen Daten für erste Analysen gibt, sodass der Engpass in vielen Fällen bei der Definition einer klaren Fragestellung liegt.

Unternehmen sollten eine starke Aktivitätsorientierung und Erfolgsmessung betreiben

Digitale Champions mit erfolgreichem Lean-Analytics-Ansatz definieren unmittelbar nach den ersten Analyseergebnissen Aktivitäten, die umgesetzt werden. Daten werden nicht als Selbstzweck betrachtet, sondern als Quelle von Informationen für einen Wettbewerbsvorteil, der zügig generiert werden sollte. Ebenso suchen an Lean Analytics orientierte Unternehmen Messgrößen, die zeigen, ob das Unternehmen durch die Analyseergebnisse und die definierten Aktivitäten wirklich besser geworden ist.

Unternehmen sollten bei Datenthemen eine gezielte Etablierung verfolgen

Auch Unternehmen mit Lean-Analytics-Ansatz investieren in Datenstrukturen und eine IT-Infrastruktur – jedoch erst, wenn die Ergebnisse aus den vorherigen Phasen skaliert wurden und nun auf eine breitere Basis gestellt werden sollen, sodass eine spezifische IT-Infrastruktur notwendig wird, wie z. B. eine Data-Lake- und Data-Science-Plattform. Zudem werden Investitionen erst getätigt, wenn bereits mit den bestehenden ersten Daten gearbeitet wird. Erst dann erfährt das Thema Data Analytics Akzeptanz im Unternehmen und größere Projekte bekommen die notwendige Unterstützung.

Zentrale Quellen

Davenport, T. (2014). *Big data at work: Dispelling the myths.* Harvard Business Review Press.
Hastings, R., & Meyer, E. (2020). *No rules: Netflix and the culture of reinvention.* Virgin Books.

Beobachtung

In praktisch allen Märkten, in denen das Angebot die Nachfrage übersteigt, hat sich über die letzten Jahrzehnte eine ausgeprägte Kundenorientierung durchgesetzt. Wissenschaftliche Studien zeigen – wenig überraschend –, dass Unternehmen ohne jegliche Kundenorientierung und damit ohne Ausrichtung der eigenen Aktivitäten am Kunden (wie bei der Lösung von Qualitätsproblemen) kaum überleben. Der Slogan „Der Kunde ist König" hat in den meisten erfolgreichen Unternehmen der letzten Jahrzehnte eine zentrale Rolle gespielt (Kotler & Keller, 2015).

Digitale Champions richten sich ebenfalls am Kunden aus. Aber sie tun dies anders als mittels der „Kunde ist König"-Orientierung klassischer (und oft sehr erfolgreicher) Offline-Unternehmen. Eine solche Kundenorientierung impliziert, dass alle Kunden wie Könige zu behandeln sind. Sendet ein Kunde ein Produkt (möglicherweise mit Gebrauchsspuren) zurück oder beschwert sich über die Qualität einer Leistung, dann führt diese Einstellung dazu, dass vieles unternommen wird, um den Kunden wieder zufriedenzustellen. Und dies, ohne konkret viel über ihn zu wissen, insbesondere mangels Transparenz, was vergangenes und zukünftiges Kaufverhalten betrifft.

Genau hier setzen sich digitale Champions in ihrer Art der Kundenorientierung ab. Digitale Champions haben – im Gegensatz zu vielen Offline-Playern in klassischen Umfeldern – Transparenz über einzelne Kunden. Insbesondere durch historisches Kauf- und Beschwerdeverhalten in verschiedenen Kanälen kann ein digitaler Champion sehr wohl zahlenbasiert bestimmen, ob ein bestimmter Kunde wirklich König sein soll, um im Bild „der Kunde ist König" zu bleiben. Damit ist hier der „richtige Kunde König", und zwar noch viel mehr als in klassischen

A. Engelen und O. Schneider, *Die Strategien digitaler Champions*, essentials, https://doi.org/10.1007/978-3-658-35940-9_3

Umfeldern, während Kunden, die kaum Wert für das Unternehmen haben, eben nicht wie Könige behandelt werden. Diese Logik ist nur umsetzbar, wenn einem Unternehmen durch eine umfassende Datenbasis bekannt ist, welcher Kunde König sein soll. Diese Logik, als Customer Centricity bezeichnet, grenzt sich damit von der klassischen Kundenorientierung ab, indem jeder einzelne Kunde betrachtet und anschließend entschieden wird, wie intensiv er oder sie als „König" behandelt werden soll.

Erklärung

Digitale Champions bauen von Beginn an eine umfassende Datenbasis über ihre Kunden und deren Verhalten auf. Diese Datenbasis ist das Rückgrat einer Customer Centricity, für die die Informationssammlung zu verhaltensbezogenen Kontaktpunkten mit einem Kunden enorme Bedeutung hat. Konkret werden dabei für jeden einzelnen Kunden alle relevanten Informationen über vergangene Kontaktpunkte wie Transaktionen und Interaktionen (z. B. Besuche auf einer Website oder Beschwerden) gesammelt. Weil auch demographische Informationen wie Alter und Wohnort in später vorgestellte Analysen einfließen, werden sie von Beginn an erfasst. Für die Logik der Customer Centricity ist jedoch die Erkenntnis zentral, dass das Verhalten eines Kunden in der Vergangenheit deutlich mehr Aussagekraft über den zukünftigen Wert dieses Kunden hat, als rein demographische Variablen dies haben können. Abb. 3.1 skizziert eine Datenstruktur, die als Grundlage für die Implementierung einer Customer Centricity dienen könnte. In den Zeilen werden einzelne Kunden notiert, in den Spalten demographische Daten sowie vergangene Interaktionen und Transaktionen mit genauem Zeitpunkt und Inhalt.

Das Customer-Centricity-Konzept wird nun angewendet, indem die Datenbasis genutzt wird, um für einzelne Kunden Vorhersagen über ihr zukünftiges Potenzial abzuleiten. Beispielsweise kann auf Basis intelligenter Algorithmen – insbesondere auf der Grundlage vergangener Transaktionen – bestimmt werden, mit welcher Wahrscheinlichkeit ein gegebener Kunde als nächstes ein bestimmtes Produkt kaufen wird. Oder es kann berechnet werden, wann ein bestimmter Kunde eigentlich das nächste Mal ein konkretes Produkt kaufen müsste. Tut der Kunde das nicht, dann kann diese Information dazu genutzt werden, den Kunden individuell zu bearbeiten und sein Verhalten in die vom Unternehmen gewünschte Richtung zu lenken. Zentral ist jeweils dabei – und genau das spiegelt das Prinzip der Customer Centricity wieder –, den Kunden individuell zu verstehen, und zwar mit dem Fokus auf zukünftige Aktivitäten.

	Stammdaten			Interaktionen		Transaktionen				
Kd-Nr.	Geschlecht	...	Alter	Kanal	Kontakte	2000	...	2010	...	2020
1	weiblich	...	57	Call-Center	0	kein Umsatz	...	Produkt B	...	kein Umsatz
2	männlich	...	34	Portal	5	Produkt A	...	Produkt C	...	kein Umsatz
3	männlich	...	45	Call-Center	20	Produkt B	...	kein Umsatz	...	kein Umsatz
4	weiblich	...	27	Affiliate	130	Produkt C	...	Produkt A	...	Produkt E
5	männlich	...	22	Filiale	2	Produkt B	...	Produkt E	...	Produkt B
6	weiblich	...	63	Call-Center	10	kein Umsatz	...	Produkt B	...	kein Umsatz
7	weiblich	...	40	Affiliate	34	Produkt D	...	kein Umsatz	...	Produkt A
8	männlich	...	29	Chat	2	Produkt B	...	Produkt C	...	Produkt E
9	weiblich	...	18	Chat	10	Produkt E	...	kein Umsatz	...	Produkt E
10	weiblich	...	38	Filiale	8	Produkt A	...	Produkt A	...	Produkt A

Abb. 3.1 Vereinfachte beispielhafte Customer-Centricity-Datenstruktur

Das bedeutendste Maß im Rahmen der Customer Centricity ist der sogenannte Customer Lifetime Value, der erfasst, wie wertvoll ein Kunde über die gesamte Dauer der Kundenbeziehung für das Unternehmen ist (Fader & Toms, 2018). Dabei wird eine Berechnung des zukünftigen Wertes (auf Basis historischer Daten) vorgenommen. Auf dieser Basis kann dann eine zielgerichtete individuelle Bearbeitung des Kunden erfolgen, beispielsweise indem Kunden mit besonders hohem Customer Lifetime Value besondere Empfehlungen gegeben oder Service-Levels angeboten werden.

Bei Berechnungen des Customer Lifetime Value wird das Muster vergangener Transaktionen betrachtet und von diesem Muster auf zukünftige Transaktionen geschlossen. Um diesen Grundgedanken zu veranschaulichen, nehmen wir folgende Situation an: Zwei Kunden haben in den vergangenen drei Jahren bei einem Unternehmen mit Verbrauchsgütern (wie Druckerpatronen) jeweils 36.000 Stück eines bestimmten Produkts gekauft. Der erste Kunde hat im ersten Monat der drei betrachteten Jahre einmalig 36.000 Stück gekauft, und zwar zum Zeitpunkt einer Preisaktion, während der zweite Kunde 36 Monate lang jeden Monat 1000 Stück bestellt hat. In der Summe der erworbenen Einheiten in diesem Zeitraum sind beide Kunden gleich viel „wert". In zukünftiges Geschäft einschließende Betrachtungen würde dem zweiten Kunden aber ein deutlich höherer Kundenwert zugewiesen, da durch die Stabilität der Bestellungen (unabhängig von Preisaktionen) zu erwarten ist, dass dieser Kunden diese Mengen mit einer recht hohen

Wahrscheinlichkeit weiterhin beziehen wird. Beim ersten Kunden ist – nach den vorliegenden Informationen – zumindest davon auszugehen, dass er zwar weiterhin einen recht hohen Bedarf haben könnte, seine Käufe aber möglicherweise eher durch Preisaktionen getrieben sein werden und er, abhängig von Aktionen, auch den Anbieter wechseln würde. Mit dieser Information könnte man diesen Kunden mit gezielten Aktionen ansprechen, um ihn zu „reaktivieren" und in einen Kunden mit höherem Kundenwert zu entwickeln.

Wie diese Ausführungen darlegen, benötigt man eine Datenbasis auf Ebene einzelner Kunden mit einer ausreichend hohen Verfügbarkeit von Daten vor allem zu vergangenen Transaktionen. Damit lässt sich diese Logik nur anwenden, wenn eine solche Datenbasis zumindest perspektivisch erstellt werden kann. Unternehmen mit Produkten, die Kunden extrem selten oder vielleicht nur einmal im Leben kaufen (etwa ein Haus) funktioniert die Logik in dieser Form nicht. Sie lässt sich aber sehr gut anwenden, wenn ein Unternehmen (oder eine Plattform) eine breite Palette von Produkten anbietet, die Kunden regelmäßig nachfragen. In diesem Fall wächst die Anzahl der Transaktionen stetig, wodurch mit jeder Transaktion die Datenbasis wächst, was wiederum bessere Auswertungen und die Generierung von Wissen über einzelne Kunden ermöglicht.

Während eine Analyse des aktuellen Status von Kundenwerten Aufschluss darüber gibt, welchen Wert die einzelnen Kunden aktuell haben, können darüber hinaus konkrete Maßnahmen abgeleitet werden, um den Kundenwert einzelner Kunden oder ganzer Kundengruppen zu erhöhen. Dazu sind individuelle Anpassungen in der Kommunikation und Angebotsgestaltung notwendig. So können Tests durchlaufen werden, ob der eben dargestellte Kunde mit dem Einmalkauf von 36.000 Einheiten in einem Monat in einem Dreijahreszeitraum möglicherweise diese Menge häufiger bestellt, wenn man gezielt Rabatte für diese Mengen kommuniziert. Oder es kann auf Basis vergangener Daten abgeschätzt werden, wann ein Kunde mit einer gewissen Wahrscheinlichkeit eine Nachfrage nach einem bestimmten Produkt entwickeln wird und zu diesem Zeitpunkt – per E-Mail oder anderen Kommunikationsmedien – dieses Produkt entsprechend bewerben und sich als Anbieter in Erinnerung rufen.

Anwendung

Unternehmen sollten eine kundenzentrierte Unternehmenskultur schaffen
Studien zeigen, dass der erste Stolperstein bei der Etablierung einer Customer Centricity zumeist in der Kultur des Unternehmens besteht. Traditionell denken

Unternehmen in Produkten und Lösungen, die für ganze Gruppen von Kunden geschaffen und angeboten werden. Bei der Customer Centricity gibt man diese Logik auf und behandelt jeden einzelnen Kunden als Basis für individuelle Entscheidungen.

Unternehmen sollten in ihre Datenstrukturen investieren
Die Darstellungen zur Customer Centricity verdeutlichen, dass das volle Potenzial des Konzepts nur realisiert werden kann, wenn Daten über vergangenes Verhalten von Kunden im Unternehmen möglichst vollständig vorliegen. Je besser diese Datenbasis, desto aussagekräftiger die Analysen, auf deren Grundlage Kunden individuell angesprochen werden können.

Zentrale Quellen

Fader, P., & Toms, S. (2018). *The customer centricity playbook: Implement a winning strategy driven by customer lifetime value.* Wharton School Press.
Kotler, P., & Keller, K. (2015). *Marketing management, global edition.* Addison Wesley.

4

Beobachtung

Der Kern des Wirtschaftens besteht darin, Kundenbedürfnisse zu befriedigen. Diese Bedürfnisse können existenzieller Art sein, die beinahe universal gelten, aber auch auf Selbstverwirklichung ausgerichtet und somit sehr individuell sein. Die Bedürfnisbefriedigung an sich folgt sehr vereinfacht dargestellt einem übergreifenden Muster: (i) beim Kunden entsteht ein Bedürfnis, (ii) der Kunde und ein geeignetes Unternehmen kommen zusammen und (iii) das Unternehmen stellt ein Gut zur Verfügung, um das Bedürfnis zu befriedigen. Abhängig von Bedürfnis und Gut kann die Dauer zwischen (i) und (iii) von unmittelbar bis zu sogar mehreren Jahren variieren. Ein Notfallmedikament zur Behandlung eines allergischen Schocks zählt zu den Gütern, die unmittelbar ein existenzielles Bedürfnis befriedigen. Die Bestellung einer noch zu bauenden Luxusjacht gehört eindeutig zur letzten Kategorie, zur Befriedigung eines sehr individuellen Bedürfnisses.

Digitale Champions streben danach, die Dauer zwischen dem Entstehen eines Bedürfnisses und der Bedürfnisbefriedigung zu minimieren: Wollte man früher eine neue Sitzgarnitur kaufen, ging man in ein Möbelhaus und bestellte diese dort, mit Lieferzeiten von oftmals mehreren Wochen. Heutzutage bietet beispielsweise Home24 die Möglichkeit, eine neue Einrichtung bereits nach wenigen Tagen zu erhalten. Wollte man früher Wäsche waschen, konnte man das entweder selbst tun oder die Wäsche zur Reinigung bringen und dort nach einigen Tagen wieder in Empfang nehmen. In den USA holen Anbieter wie Cleanly die Wäsche heutzutage auch zu Hause ab und bringen sie gereinigt bzw. gewaschen innerhalb von 24 h wieder zurück. Der Erfolg digitaler Champions basiert in diesem Kontext also nicht auf neuen Produkten, sondern auf einer optimierten Wertschöpfung, die on Demand verfügbar ist, um ein Bedürfnis möglichst unmittelbar zu befriedigen.

© Der/die Autor(en), exklusiv lizenziert durch Springer Fachmedien Wiesbaden GmbH, ein Teil von Springer Nature 2021
A. Engelen und O. Schneider, *Die Strategien digitaler Champions*, essentials, https://doi.org/10.1007/978-3-658-35940-9_4

Diese On-Demand-Orientierung hat mehrere zentrale Effekte, die wir im Folgenden erläutern.

Erklärung

Digitale Champions streben danach, Kundenbedürfnisse schnellstmöglich on Demand zu befriedigen. Es ist oft zu beobachten, dass sie diese Fähigkeit bereits ab dem Gründungszeitpunkt auf- und dann kontinuierlich ausbauen. Somit zählt die On-Demand-Orientierung zu den Tools, die nicht nur in einer bestimmten Lebenszyklusphase besonders wichtig ist, sondern gleichermaßen bei jungen und weit entwickelten Unternehmen erfolgskritisch ist.

Amazon ist ein Paradebeispiel für ein Unternehmen, dessen Erfolg maßgeblich auf dem kontinuierlichen Ausbau seiner On-Demand-Orientierung basiert (Galloway, 2018). Kunden mussten vereinfacht und etwas überspitzt gesagt vor Amazon in eine Buchhandlung gehen, sich dort beraten lassen und dort ein möglicherweise nicht vorrätiges Buch bestellen. Zu einem späteren Zeitpunkt, oft nach mehreren Tagen, konnte dann das Buch dort abgeholt werden. Ein aufwendiger und teilweise frustrierender Prozess. Amazon strebte von Beginn an danach, dies zu optimieren: Kunden sollten nicht mehr zum Buchladen gehen müssen, sondern sich online informieren und bestellen können. Ein etwaiger zweiter Gang zum Buchladen wurde dem Kunden erspart, da für alle Bücher eine Lieferung vorgesehen wurde. Im Vergleich zum stationären Handel konnte Amazon wesentlich mehr Bücher zentral vorhalten. Hierdurch ließ sich die Wartezeit übergreifend auf ein paar Tage verkürzen.

Amazons Wachstum ermöglichte eine kontinuierliche Weiterentwicklung dieser Fähigkeit, die bis dato ihren Höhenpunkt in der Same Day Delivery bzw. der Lieferung bereits innerhalb weniger Stunden nach Bestellung findet. Die Zusatzkosten, die ggf. dafür berechnet werden, liegen weit unter den Kosten für eine Kurierlieferung, d. h. auf einem für den Kunden vollkommen akzeptablen Niveau. Dies ist das Ergebnis davon, dass Amazons Supply Chain von Beginn an darauf ausgerichtet wurde, die Dauer bis zur Bedürfnisbefriedigung zu minimieren. Amazon wendet die On-Demand-Orientierung durchgängig bei seinen Produktkategorien an. Beispielsweise können Kunden Multimediainhalte bei Prime Video und Prime Music-on-Demand abrufen und sind somit nicht an feste Sendezeiten gebunden. Amazon Web Service (AWS), ein wesentlicher Baustein für Amazons Geschäftsergebnis, basiert ebenfalls auf dieser Philosophie: Beim On-Demand-Pricing bezahlt ein Nutzer nur die Rechenkapazität, die er tatsächlich abruft, und ist somit nicht an unflexible und lange Vertragslaufzeiten gebunden. Die On-Demand-Orientierung wird also von Amazon seit Gründung durchgängig angewendet und kontinuierlich optimiert.

Das Tool der On-Demand-Orientierung ist auch in anderen Industrien maßgeblich am Erfolg digitaler Champions beteiligt. Die Softwareindustrie und konkret B2B-Softwarelösungen sind hierfür ein gutes Beispiel: Unternehmenssoftware musste früher vor Ort installiert und gewartet werden. Ihre Einführung war oftmals ein langes, kostspieliges und teilweise unbefriedigendes Vorhaben, da die Anpassbarkeit auf die eigenen Bedürfnisse eingeschränkt bzw. sehr aufwendig war. Bereits größere Unternehmen standen häufig vor der Entscheidung, ob sich eine solche Investition lohnt. Kleinere und mittelgroße Unternehmen schreckten die relativ zum eigenen Umsatz gesehen massive Investition und der ungewisse unmittelbare Nutzen oftmals ab. Mittlerweile gibt es immer mehr Anbieter von Software as a Service (SaaS), die sich genau dies zunutze machen: minimaler Installationsaufwand vor Ort, Datenhaltung und Funktionalität in der Cloud, Kostenstruktur über die Nutzung skalierbar. Personio, ein Anbieter einer umfassenden, anpassbaren und cloudbasierten HR-Lösung für KMUs, wächst zum Beispiel seit seiner Gründung 2015 genau aus seinem „schnell verfügbar"-Kern. Personio bewirbt diese Fähigkeit explizit auf seiner Homepage mit der Aussage, dass die Software bereits nach wenigen Wochen einsatzbereit sein kann. Ein klares Unterscheidungskriterium zu anderen etablierten Wettbewerbern wie z. B. SAP.

Um ein Kundenbedürfnis schneller zu befriedigen, konzentrieren sich die digitalen Champions nicht ausschließlich darauf, die Wertschöpfung an sich zu optimieren. Zusätzlich streben sie an, auf möglichst viele unterschiedliche Arten mit einem Kunden in Kontakt treten zu können. Theoretisch könnten digitale Champions die komplette Bedürfnisbefriedigung oftmals ohne direkten Kontakt zum Kunden vollziehen, zumal der Aufbau einer stationären Struktur zunächst klar im Widerspruch zu der auf Geschwindigkeit ausgelegten digitalen Wertschöpfung steht. Der Kunde würde sich über Webseiten oder Apps informieren, dort bestellen, das Gut würde produziert und geliefert. Die digitale Customer Journey wäre somit eine Alternative zur klassischen. Etablierte Wettbewerber argumentieren in diesem Zusammenhang häufig, dass das physische Erleben eines Produkts vor dem Kauf entscheidend für den Kunden und somit auch für den weiteren Erfolg ihres klassischen Geschäftsmodells ist.

Nun ist trotz des oben beschriebenen theoretischen Widerspruchs zu beobachten, dass digitale Champions auch vermehrt klassische Kanäle nutzen, wie z. B. die Show-Rooms von Tesla oder auch Brick-and-Mortar-Läden von Amazon. Kunden erhalten dadurch die Möglichkeit, die digitale Welt zu verlassen und das Produkt physisch zu erleben. Somit werden traditionelle Unternehmen noch stärker angegriffen, da ihnen ihr Alleinstellungsmerkmal genommen wird. Es wird das Beste aus beiden Welten kombiniert; das digitale Geschäftsmodell ist nicht mehr nur eine Alternative, sondern ein kompletter Ersatz des klassischen Modells.

Digitale Champions tun dies, da sie sich der Bedeutung des direkten Kontaktes mit dem Kunden bewusst sind und dadurch gleichzeitig die Interaktionspunkte mit ihren Kunden maximieren können. Entscheidend ist, dass dies nach dem Aufbau eines Wettbewerbsvorteils geschieht, durch konsequente Ausrichtung der On-Demand-Orientierung. Dies ermöglicht die Investition in ein Vor-Ort-Erlebnis und somit die beschleunigte Verdrängung der etablierten Wettbewerber.

Es gibt einen wichtigen Nebeneffekt der On-Demand-Orientierung: Der Kunde an sich ändert sich (Birnbaum, 2019). Früher war es normal, auf etwas zu warten. Das Warten war in gewisser Weise ein besonderer Teil der Nutzererfahrung. Insbesondere, wenn die Wartezeit von vorneherein bekannt und akzeptiert war und auch nicht unerwartet verlängert wurde, war sie nicht unbedingt negativ besetzt. Beispielsweise freute man sich nach der Bestellung eines neuen Fernsehers, ihn irgendwann in Empfang zu nehmen und einzuschalten. Heute erwarten Kunden eine extrem zeitnahe Lieferung, idealerweise kombiniert mit der Dienstleistung der unmittelbaren Installation.

Der Stellenwert des Neuen verändert sich für den Kunden: Der Kunde ist immer weniger lang bereit, auf etwas Neues zu warten, und gleichzeitig ist zu beobachten (Colby & Bell, 2016), dass er immer schneller nach Ersatz verlangt. Dies zwingt Unternehmen zu teilweise immer kürzeren Produktlebenszyklen, um dieses Bedürfnis zu befriedigen. Ultrafast Fashion oder auch die Lieferung von Einkäufen innerhalb von zehn Minuten sind Beispiele dieser Entwicklung. In diesem Zusammenhang ist es bedeutsam zu beachten, dass diese Entwicklung zunehmend kritisch gesehen wird, da sie nicht unbedingt als nachhaltig und auch nicht als wirtschaftlich eingestuft wird.

Anwendung

Drei Lehren aus der On-Demand-Orientierung für klassische Unternehmen
Klassische Unternehmen sollten aus der On-Demand-Orientierung zunächst drei Lehren ziehen: Erstens sollten sie erkennen, dass die Dauer bis zur Bedürfnisbefriedigung für Kunden heutzutage ein wesentliches Entscheidungskriterium ist. Lange bzw. unvorhersehbare Lieferzeiten führen zu Kundenverlust, insb. da digitale Champions zeigen, dass dies besser geht. Daher sollten die klassischen Unternehmen Ineffizienzen in der Wertschöpfung konsequent eliminieren. Zweitens sollten

sie ihren Kunden möglichst viele Kontaktpunkte bieten, d. h. neben physischen auch digitale. Hierbei ist zu beachten, dass die digitalen Kontaktpunkte nicht nur informativ, sondern auch transaktional sein müssen, d. h. beispielsweise, dass eine Online-Bestellung möglich sein muss. Drittens sollten die ersten beiden Punkte konsequent umgesetzt werden, denn durch das Eindringen der digitalen Champions in die klassischen physischen Kanäle sind diese nicht mehr nur eine Alternative, sondern ein Substitut der etablierten Geschäftsmodelle.

Kundenbedürfnisse schnell zu befriedigen ist nur der erste Schritt
Eine weitere Fähigkeit wird in diesem Kontext zunehmend an Bedeutung gewinnen: Die Fähigkeit eines Unternehmens, das Kundenbedürfnis vorherzusagen, bevor es dem Kunden selbst bewusst wird. Dies bedeutet, anhand von historischen Daten sowohl des einzelnen Kunden als auch aller Kunden Vorhersagen zu treffen, welches Bedürfnis mit hoher Wahrscheinlichkeit zu welchem Zeitpunkt entsteht. Durch diese Vorhersage können dem Kunden maßgeschneiderte Vorschläge gemacht werden, die im besten Fall direkt zu einer Transaktion führen und zusätzlich durch Vorfertigung schnellstmöglich abgeschlossen werden können. Diese Fähigkeit, die hier separat behandelt wird, ist ebenfalls eine grundlegende Fähigkeit digitaler Champions, die mit der Unternehmensgründung auf- und kontinuierlich ausgebaut wird.

Balance halten zwischen Optimierung und Nachhaltigkeit
Wie bereits ausgeführt, wird die absolute Minimierung der Dauer bis zur Bedürfnisbefriedigung kritisch gesehen. Aspekte der Nachhaltigkeit der unternehmerischen Wertschöpfung gewinnen zunehmend an Bedeutung. Eine weitere Verkürzung der Lieferdauer oder der Produktlebenszyklen kann irgendwann nicht mehr zu mehr, sondern zum Verlust von Kunden führen. Dies kann passieren, da Kunden das Vorgehen nicht mehr mittragen und abwandern, oder auch durch regulative Eingriffe. Daher sollten Unternehmen bei der Bewertung ihrer Handlungsoptionen stets die Balance zwischen Optimierung und Nachhaltigkeit im Blick haben.

Zentrale Quellen

Birnbaum, B. (2019). Great expectations: What businesses need to know about customer service in the on-demand economy. https://www.forbes.com/sites/bradbirnbaum/2019/07/10/great-expectations-what-businesses-need-to-know-about-customer-service-in-the-on-demand-economy/?sh=2bba095738b8.

Colby, C., & Bell, K. (2016): The on-demand economy is growing, and not just for the young and wealthy. https://hbr.org/2016/04/the-on-demand-economy-is-growing-and-not-just-for-the-young-and-wealthy.

Galloway, S. (2018). *The four: The hidden DNA of Amazon, Apple, Facebook and Google.* Corgi.

Beobachtung

Empirische Studien zeigen, dass klassische Unternehmen in ihren Strategiepro-zessen im Schnitt etwa drei bis fünf Jahre in die Zukunft planen. Es werden Szenarien abgeleitet, wie sich das Wettbewerbsumfeld und die Präferenzen der Nachfrager entwickeln könnten, um aus diesen Szenarien alternative Positionie-rungsmöglichkeiten abzuleiten. Diese Alternativen ergeben sich typischerweise aus den bestehenden Kompetenzen des Unternehmens. Idealerweise sieht der Strategieprozess vor, dass die Handlungsoptionen die bestehenden Kompetenzen bestmöglich nutzen. Nach Bewertung der Optionen erfolgt dann die Auswahl einer Strategie, die im Planungszeitraum implementiert wird.

Während dieser Strategieprozess in den meisten klassischen Unternehmen den Standard darstellen dürfte, lässt sich bei einigen digitalen Champions der letzten Jahre ein anderes Vorgehen erkennen, das sich nicht vollumfänglich mit diesem klassischen Strategieprozess erklären lässt. Bei genauerer Beobachtung fällt auf, dass diese digitalen Champions deutlich weiter in die Zukunft planen, als es der weit verbreitete Zeithorizont von drei bis fünf Jahren vorsieht. Teilweise lassen sich Planungshorizonte von zehn oder mehr Jahren beobachten. Zudem planen einige der digitalen Champions von der Zukunft ausgehend. Hierbei wird ein Zielszenario entworfen, das sie in dieser Zeitspanne erreichen wollen, unabhängig vom aktuellen Stand ihrer Kompetenzen.

Netflix ist ein Beispiel für eine solche strategische Planung (Hastings & Meyer, 2020). Netflix wurde 1997 von Reed Hastings und Marc Randolph gegründet, also zu einem Zeitpunkt, als die Internet-Bandbreiten Streaming noch nicht hergaben. Entsprechend hat Netflix damals DVDs mit der Post verschickt.

© Der/die Autor(en), exklusiv lizenziert durch Springer Fachmedien Wiesbaden GmbH, ein Teil von Springer Nature 2021
A. Engelen und O. Schneider, *Die Strategien digitaler Champions*, essentials,
https://doi.org/10.1007/978-3-658-35940-9_5

Kunden konnten einem Abo-Modell beitreten und jeden Monat drei Titel auswählen, die sie zugeschickt bekamen, anschauen konnten und per Post auch
wieder zurückschickten. Online an der Lösung war lediglich, dass man in Online-
Formularen die gewünschten Titel für einen Folgemonat auswählen konnte. Für
die Gründer aber war damals schon zentral, dass der Versand von DVDs nur
ein Zwischenschritt sein konnte. Ihre Vision war, langfristig in ein Streaming-
Modell einzutreten, wissend, dass hier die Zukunft des Entertainments liegen
würde, sobald es die Internet-Infrastruktur hergab. In der Tat haben sie dies für
etwa 2010 erwartet und auf diesen Zeitraum hingearbeitet. Ihre Strategie war also
keinesfalls, langfristig ein Unternehmen zu sein, das DVDs per Post versendet.
Diese Positionierung war nur der Zwischenschritt für etwas, was viel weiter in
der Zukunft lag, im konkreten Fall etwa zehn bis 13 Jahre in der Zukunft. Aus
diesem Zukunftsszenario leiteten die Gründer ihre Strategie ab.

Ähnliches lässt sich aktuell bei Amazon beobachten (Stone, 2014). Amazon
plant aktuell Logistikströme, die in frühestens zehn Jahren Realität werden können – so die Erwartung des Unternehmens. Beispielsweise werden fliegende
Lager vorgesehen, ebenso Drohnenlieferung. Dieser Zielzustand ist der Ausgangspunkt für die heutige Planung der Logistik (und möglicherweise daraus
resultierender Services auch für andere Unternehmen). Demnach liegt bei beiden
Unternehmen eine strategische Denkweise vor, die sich nicht durch klassische
Strategieprozesse erklären lässt.

Erklärung

Mark Johnson und Josh Suskewicz stellen mit Lead from the Future ein Tool
vor, das die beschriebenen Phänomene erklären kann (Johnson & Suskewicz,
2020). Auf Basis der Beobachtung von Unternehmen wie Netflix und Amazon
arbeiten sie zwei zentrale Eigenschaften heraus, die in solch einem neuen strategischen Tool, das bestehende Tools der Strategielehre ergänzt, gegeben sein
müssen. Erstens muss ein längerer Planungshorizont betrachtet werden als bei
klassischen Strategieprozessen. Zweitens muss die strategische Planung an einem
Zukunftszustand ansetzen und eben nicht an heute bestehenden Kompetenzen in
Unternehmen.

Ausgangspunkt der Lead-from-the-Future-Perspektive ist, dass klassische
Unternehmen Strategieprozesse present-driven, also gegenwartsorientiert planen.
Etablierte Tools der Strategielehre ermutigen ihre Anwender, mit den bestehenden Ressourcen und Kernkompetenzen zu starten. Auf Basis dieser Ressourcen
und Kernkompetenzen sollen Unternehmen dann Anwendungsfelder aufdecken.

Diese Vorgehensweise ist in vielen Fällen auch erfolgreich (beispielsweise in wenig dynamischen Umfeldern), unterliegt aber einigen Verzerrungen. Entscheidungsträger sind in ihrem Denken über zukünftige Strategien in bestehenden Kernkompetenzen und damit auch in möglichen zukünftigen Lösungsfeldern gefangen. Was mit den bestehenden Kernkompetenzen möglich ist, ist Teil der Planung. Was mit bestehenden Kernkompetenzen allerdings nicht möglich ist, wird übersehen. Die betriebswirtschaftliche Forschung liefert eine ganze Reihe von Erklärungen, warum Entscheidungsträger intuitiv mit bestehenden Kompetenzen beginnen. In diese wurde investiert, also sollen sie weiterverwendet werden. Zudem sind bestehende Kernkompetenzen bekannt und Entscheidungsträger verstehen sie. Entsprechend einfach ist es, sich darauf zu konzentrieren.

Problematisch wird es nun allerdings, wenn in den relevanten Industrien in den nächsten Jahren grundlegende technologische Veränderungen anstehen, die mit den bestehenden Kernkompetenzen nicht mehr zu adressieren sind. Johnson und Suskewicz stellen heraus, dass solche grundlegenden Veränderungen (auch technologische Wendepunkte genannt) in Industrien häufig eher fünf bis 15 Jahre in der Zukunft liegen, also in Zeithorizonten, die über klassische Strategieprozesse hinausgehen. So wird beispielsweise heute, im Jahr 2021, erwartet, dass in etwa zehn Jahren in der Medizin Prävention deutlich mehr im Fokus stehen wird als die Behandlung von Krankheiten, wie es heute noch der Fall ist. Schwierig wird es nun, wenn bestehende Kernkompetenzen – selbst nach schrittweiser Weiterentwicklung – nicht in der Lage sein werden, den „neuen" Zustand aufgrund technologischer Wendepunkte zielgerichtet zu adressieren. Typischerweise ändern technologische Wendepunkte Produkte und Lösungen in einem so großen Ausmaß, dass sie nicht mehr durch etwa ein Jahrzehnt zuvor relevante Kernkompetenzen adressiert werden können.

Aus diesen Gründen ist es notwendig, so Johnson und Suskewicz, dass Unternehmen neben klassischen Strategieansätzen auch parallel von der Zukunft aus planen, und zwar von den zukünftig zu erwartenden technologischen Wendepunkten ausgehend. Von diesem Zukunftsbild ausgehend sollten sie zurückplanen, welche zukünftigen Ressourcen und Kompetenzen aufgebaut werden müssen, um im Zukunftsbild der Industrie eine Rolle zu spielen. Im einführenden Beispiel war der Streaming-Dienst das Zukunftsbild von Netflix für die Entertainmentindustrie. Unabhängig von Logistikressourcen in Bezug auf den Versand von DVDs wurde genau dieses Zielbild angestrebt, um dann – als es eintrat – top positioniert zu sein.

Daher sollten Unternehmen ohne Rücksicht auf bestehende Kernkompetenzen und Ressourcen ein Zukunftsbild entwerfen und dabei die zentralen zukünftigen

technologischen Wendepunkte ermitteln. Dabei sollten sie weder auf die Weiterentwicklung der bestehenden Produkte noch generell darauf achten, ob die heute
bestehenden Produkte und Leistungen dann noch eine Rolle spielen. Vielmehr
sollten sie sich auf den „Job" konzentrieren, den der Kunde erledigen möchte
und den das Unternehmen übernehmen kann. Die Jobs-to-be-done-Perspektive
besagt nämlich, dass grundlegende Bedürfnisse (wie Mobilität oder Gesundheit)
über die Zeit sehr stabil sind, also auch im Rahmen technologischer Wendepunkte
weiterbestehen werden. Die Art und Weise, wie dieser Job für den Kunden durch
ein Unternehmen adressiert werden kann, kann sich aber massiv verändern. Beispielsweise hat Netflix sich nicht auf den DVD-Versand der Zukunft fokussiert,
sondern breiter gefragt, wie das Bedürfnis nach Unterhaltung in Zukunft adressiert werden wird. Das Bedürfnis nach Unterhaltung wird weiterbestehen und
Kunden werden Unternehmen beauftragen, diesen Job zu übernehmen. Um keine
Möglichkeiten auszuschließen und sich auch nicht zu eng auf bestehende Produkte zu fokussieren, ist die Annäherung über den Job, den der Kunde erledigt
haben will, zentral und wichtig.

Lead from the Future sieht nun vor, von diesem Zukunftsbild aus zurückzu-
planen und die Schritte zu planen, um dieses Zukunftsbilds zu erreichen, wie in
Abb. 5.1 graphisch veranschaulicht. Einzelne Schritte können festgelegt werden,
idealerweise solche, die auf dem Weg zum Zielbild schon erste Produkte oder
Services für Kunden bieten. So hat Netflix bereits im DVD-Geschäft Prediction-
Algorithmen entwickelt, die die Auswahl von DVD-Titeln vorhersagen konnten,
um so Angebote zu steuern. Diese Algorithmen konnte Netflix für das DVD-
Verleih-Geschäft an sich nutzen, aber auch für die Streaming-Plattform, die das
langfristige Zielbild darstellte.

Abb. 5.1 Lead from the Future in Anlehnung an Johnson und Suskewicz (2020)

Aus diesen Ausführungen folgt, dass digitale Champions im Sinne eines Lead-from-the-Future-Ansatzes zumindest ergänzend zu bestehenden Strategieprozessen Szenarien entwerfen, die losgelöst von bestehenden Kernkompetenzen sind. Darüber hinaus denken digitale Champions deutlich weiter in die Zukunft als klassische Strategie-Tools.

Anwendung

Unternehmen sollten langfristige Veränderungen in ihren Umfeldern und Märkten nicht unterschätzen

Bill Gates äußerte einmal treffend: „We always overestimate the change that will occur in the next two years and underestimate the change that will occur in the next ten." Dieses menschliche Verhalten führt dazu, dass wir technologische Wendepunkte, die meistens eben nicht in den nächsten ein bis zwei Jahren stattfinden, sondern in den meisten Branchen fünf bis 15 Jahre in der Zukunft liegen, nicht ausreichend bedenken. Wenn digitale Champions dies allerdings tun, dann wird sich die Wettbewerbsposition von klassisch planenden Unternehmen im Laufe der Zeit deutlich verschlechtern. Unternehmen sollten sich daher regelmäßig darüber informieren, welche Technologien im Umfeld von den Branchen entwickelt und in den nächsten fünf bis 15 Jahren relevant werden. Damit müssen Unternehmen über ihre typischen Planungszyklen von bis zu etwa fünf Jahren hinausgehen.

Unternehmen sollten ergänzend zu bestehenden Strategieprozessen einmal so planen, als wären sie ein Startup

Entsprechend der Lead-from-the-Future-Logik werden bestehende Kernkompetenzen dann zur Belastung, wenn sie nicht geeignet sind, zukünftige technologische Wendepunkte zu adressieren und zu bedienen. Daher sollten Unternehmen ergänzend zu bestehenden Strategieprozessen einmal die Sicht eines gerade gegründeten Startups einnehmen und dabei die (unrealistische) Annahme tätigen, dieses hätte durch übermäßig generierte Finanzierung die nächsten Jahre keine Ressourcenengpässe. Welchen Typ von Geschäft würde das Startup entwickeln? Welche zukünftigen Technologien würde es in Betracht ziehen? Wie sähe dieses Startup in Zukunft konkret aus? Diese Gedanken helfen, die Zukunft der Industrie besser zu verstehen, ohne dabei in bestehenden Ressourcen und Kernkompetenzen „gefangen" zu sein.

Zentrale Quellen

Hastings, R., & Meyer, E. (2020). *No rules rules: Netflix and the culture of reinvention.* Virgin Books.

Johnson, M., & Suskewicz, J. (2020). *Lead from the future: How to turn visionary thinking into breakthrough growth.* Harvard Business Press.

Stone, B. (2014). *The everything store: Jeff Bezos and the age of Amazon.* Back Bay Books.

Beobachtung

Die Entwicklung von Unternehmen, die mit disruptiven Innovationen erfolgreich sind, folgt oftmals einem ähnlichen Muster (Christensen, 1997): Ein kleines, in der Regel unbedeutendes Unternehmen bringt eine zunächst scheinbar unterlegende Lösung auf den Markt. Diese Lösung wird kontinuierlich verbessert, bis sie den etablierten Wettbewerbern in einer für den Kunden besonders relevanten Wertedimension klar überlegen ist. Hierbei wird häufig ein für den Kunden neuer, bislang nicht dagewesener Nutzen geschaffen und die Strukturen des Marktes verändern sich dauerhaft. Der ehemals neue Anbieter, der sich graduell als Marktführer positioniert und die etablierten Unternehmen verdrängt hat, wird zu einem anderen Zeitpunkt durch den Markteintritt eines anderen, kleineren Unternehmens nach dem gleichen Muster herausgefordert. Somit beginnt ein weiterer Durchlauf des gerade beschriebenen Zyklus.

Am Beispiel der Telekommunikationsbranche lässt sich dieser wiederkehrende Marktkreislauf mit seinem kontinuierlichen Auf- und Abstieg disruptiver Innovatoren gut veranschaulichen: was mit den ersten Telefonen in privaten Haushalten gegen Ende des 19. Jahrhunderts begann, führte über das erste Autotelefon Mitte des 20. Jahrhunderts zum ersten Mobiltelefon von Motorola (das Dyna-TAC 8000x) in den 1980er Jahren, zum Aufstieg von Nokia mit dem ersten Smartphone (Nokia 9000 Communicator), zur Berg- und Talfahrt von Research in Motion mit dem Blackberry ab dem Jahr 1999, übertrumpft von Apples iPhone im Jahr 2007, welches das Nutzungskonzept des Smartphones revolutionierte, und schließlich, auf dem iPhone aufbauend, zu verschiedenen Weiterentwicklungen z. B. von Samsung, Huawei und anderen Herstellern. Einmal marktführende

© Der/die Autor(en), exklusiv lizenziert durch Springer Fachmedien   29
Wiesbaden GmbH, ein Teil von Springer Nature 2021
A. Engelen und O. Schneider, *Die Strategien digitaler Champions*, essentials,
https://doi.org/10.1007/978-3-658-35940-9_6

Unternehmen konnten niemals sicher sein, ihre gerade erarbeitete Marktposition langfristig behalten zu können. Steve Jobs war sich dieser Besonderheit sehr bewusst und brachte sie plakativ auf den Punkt: „If you don't cannibalize yourself, someone else will".

Die Entwicklung digitaler Champions kann mit der obigen Logik jedoch nicht umfassend erklärt werden. Digitale Champions wie Uber oder Airbnb traten zunächst lediglich als kleinere Unternehmen in den Markt ein, mit dem Ziel, sich dort erfolgreich zu etablieren (Gallagher, 2018). Dann aber verdrängten sie die traditionellen Unternehmen erfolgreich von der Spitze und scheinen dem restlichen Markt inzwischen so weit voraus zu sein, dass eine Wiederholung des klassischen Zyklus schwer vorstellbar ist. Mit Uber, 2009 gegründet, gibt es heute in New York doppelt so viele Fahrten wie mit den klassischen gelben Taxis und ein Ende dieser wachsenden Dominanz ist nicht abzusehen. Wie konnte es zu dieser Entwicklung kommen?

Erklärung

Zunächst stellen digitale Champions sicher, dass sie einen individuellen Kundennutzen erzeugen, der mindestens vergleichbar ist mit dem der etablierten Unternehmen. Zum Beispiel kann der Fahrzeugstandard bei einer Fahrt mit Uber mindestens so gut sein wie bei einer Fahrt mit einem Taxi. Das Übernachten an sich in einer über Airbnb gebuchten Unterkunft kann, wenn durch den Kunden gewünscht, auf einem Niveau erfolgen, das vergleichbar ist mit dem eines Hotels.

Der große Erfolg des digitalen Geschäftsmodells ergibt sich nun daraus, dass es in seiner Gesamtheit auf rasantes Wachstum ausgerichtet ist. Dafür erfinden digitale Champions das Wesen der Wertschöpfung oft neu. Das wiederum bedeutet, dass sie nicht unbedingt danach streben, dem Kunden ein eigenes, anfassbares Produkt anzubieten, sondern eine Bedürfnisbefriedigung. Airbnb bietet seinen Kunden beispielsweise kein Hotelzimmer der eigenen Hotelkette an, sondern befriedigt den Kundenwunsch nach einer Übernachtungsmöglichkeit. Vergleichbares gilt für Uber: es wird keine Fahrt in einem Taxi angeboten, sondern das Bedürfnis befriedigt, möglichst schnell und mit dem aus Kundensicht richtigen Qualitätsniveau von A nach B zu kommen.

Im Zentrum der Leistungserstellung steht ein digitaler Wertschöpfungskern, der als eine Art Plattform alle erforderlichen Bausteine digital zu einer Einheit verbindet, um das Bedürfnis des Kunden zu befriedigen. Der Aufbau traditioneller Vermögenswerte wird vermieden, z. B. der Kauf von Fahrzeugen oder

Immobilien, die ab einem bestimmten Punkt ein natürliches Wachstumshemm-nis darstellen. Dieses Hemmnis zeigt sich bei traditionellen Unternehmen immer genau dann, wenn abgewogen werden muss, ob schon der kleinste Bedarf gedeckt oder wie mit Nachfrageschwankungen umgegangen werden soll. Fällt die Ent-scheidung, einen bestimmten Bedarf nicht zu decken, kann dies die Keimzelle für den zukünftigen Erfolg der neuen, digitalen Unternehmen sein.

Eine Stärke digitaler Champions ist ihre Flexibilität, die es ihnen theoretisch ermöglicht, fast unbegrenzt, unmittelbar und überall zusätzliche Kapazitäten auf- und wieder abzubauen. Uber kann leicht auf Nachfrageschwankungen reagie-ren, Airbnb Übernachtungen auch an Orten ermöglichen, an denen Hotels sich nicht rechnen. Die Kosten für die Aufnahme neuer Anbieter und Nutzer sind für digitale Unternehmen marginal. Im Gegensatz dazu führt für eine Hotelkette im klassischen Geschäft der Aufbau zusätzlicher Hotelkapazitäten zu erheblich gesteigerten Kosten, die durch zahlende Gäste gedeckt werden müssen.

Die Flexibilität digitaler Geschäftsmodelle ermöglicht diesen, aus ihrer Keim-zelle schnell zu wachsen. Ab einem bestimmten Punkt entsteht ein selbstver-stärkender Kreislauf: mehr Nutzer führen zu einer höheren Relevanz, sodass ein größeres Angebot an mehr Orten möglich ist. Hierdurch steigt die Anzahl der Nutzer weiter, was wiederum zu einer Steigerung des Angebots führt, usw. Diese in Abb. 6.1 dargestellte Entwicklung ist die Besonderheit digitaler Geschäfts-modelle (Iansiti & Lakhani, 2020): sie haben einen ansteigenden Grenznutzen, d. h., je größer sie werden, desto größer ist auch der geschaffene Nutzen für den einzelnen Kunden. Sobald dieser Zustand exponentiellen Wachstums erreicht ist,

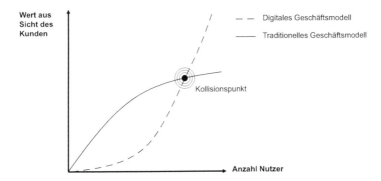

Abb. 6.1 Die kollisive Innovation in Anlehnung an Iansiti und Lakhani (2020)

enteilen digitale Champions ihren traditionellen Wettbewerbern, deren Wachstum wie oben beschrieben gehemmt ist.

Veranschaulichen lässt sich diese unterschiedliche Entwicklung des individu-ellen Kundennutzens in einem zweidimensionalen Koordinatensystem, bei dem auf der X-Achse die Anzahl der Nutzer, auf der Y-Achse der geschaffene Wert aus Sicht eines einzelnen Kunden abgetragen wird. Ab einem gewissen Punkt erhöht sich bei traditionellen Geschäftsmodellen der Wert für den einzelnen Kun-den bei steigender Gesamtnutzerzahl nicht mehr bzw. er kann sogar sinken (wie z. B. durch zu lange Wartezeiten auf ein Taxi in der Rushhour). Bei digita-len Geschäftsmodellen hingegen profitiert der einzelne Kunde durch zusätzliche Angebote und steigende Kundenzahl immer stärker. Ab dem Schnittpunkt der beiden Kurven, dem sogenannten Kollisionspunkt, entflieht das digitale dem klas-sischen Geschäftsmodell. Von nun an wird der Vorsprung beim individuellen Kundennutzen, den das digitale gegenüber dem klassischen System haben kann, immer größer und erscheint uneinholbar.

Anwendung

Kollisive Geschäftsmodelle sind oftmals nicht direkt als solche erkennbar
Unternehmen, die bestehende Märkte mit dem Konzept der Kollision auf den Kopf stellen, sind in den jeweiligen Industrien anfangs weder etabliert noch bekannt. Vielmehr sind es rein digitale Unternehmen, die ihre Kompetenzen nicht im Kern des bestehenden Produkts sehen, sondern vielmehr im Aufbau und in der Optimie-rung einer digitalen Plattform, die Leistungen verschiedener Spieler der Industrie transparent zusammenbringt und durch ihren Aufbau zu exponentiellem Wachstum fähig ist.

Insbesondere sollten Unternehmen lernen, dass Kollision betreibende neue Wettbewerber keinesfalls das klassische Geschäftssystem bearbeiten und Assets aufbauen, die typisch für die Industrie sind. Denn genau das machen diese neuen Top-Innovatoren nicht! Demnach ist ein viel breiterer Blick auf potenzielle neue Wettbewerber notwendig, insbesondere auf Startups und Unternehmen außerhalb des eigenen unmittelbaren Wettbewerbsumfelds.

Unternehmen sollten ein Kundenbedürfnis identifizieren und die Customer Journey darauf aufbauen
Digitale Champions bauen ihr Geschäft strikt vom Kundenbedürfnis ausgehend auf. Sie betrachten dabei die gesamte Customer Journey und nicht nur den engen Kern einer Leistung wie die reine Taxifahrt im Beispiel von Uber. Digitale Champions

haben der Kernleistung vorgelagerte Schritte (wie Transparenz über die Qualität des Fahrers) ebenso optimiert wie nachgelagerte Schritte (z. B. Online-Zahlungen).

Airbnb hat festgestellt, dass viele Reisende mit dem Gastgeber und der Kultur des Landes persönlicher verbunden sein möchten. Hotels können zwar in Bezug auf Preis und Komfort mithalten, aber nicht in Bezug auf die Beziehung zum Gastgeber. Voraussetzung dafür ist, dass der Airbnb-Gastgeber zum persönlichen Kontakt zu den Gästen bereit ist, was nicht unbedingt der Fall sein muss. Ist es aber der Fall, bedeutet der Kontakt einen Mehrwert, den die Hotelunterbringung in dieser Form nicht vorsieht. Unternehmen sollten daher im Hinblick auf die Kundenbedürfnisse bei der Konzeption ihrer Leistung eine breitere Perspektive einnehmen, als sie es möglicherweise bislang getan haben, und die gesamte Customer Journey betrachten, um mit den neuen Top-Innovatoren mithalten zu können.

Zentrale Quellen

Christensen, C. M. (1997). *The innovator's dilemma: When new technologies cause great firms to fail.* Harvard Business Review Press.
Gallagher, L. (2018). *The Airbnb story: How to disrupt an industry, make billions of dollars … and plenty of enemies.* Virgin Books.
Iansiti, M., & Lakhani, K. R. (2020). From disruption to collision: The new competitive dynamics. *MIT Sloan Management Review, 61*(3), 34–39.

B.Early.1: Flywheel

Beobachtung

Bei digitalen Champions wie Uber, Netflix oder Amazon lässt sich in vielen Fällen beobachten, dass diese in ihren jeweiligen Märkten in begrenzter Zeit Wachstumsraten erzielen, die weit über dem Wachstum der etablierten Wettbewerber in den vergangenen Jahrzehnten liegen. Schaut man sich jedoch die Wachstumspfade der digitalen Champions etwas genauer an, so stellt man zunächst fest, dass diese in der Tat ab einem gewissen Punkt übermäßige Wachstumsraten erzielen konnten. Darüber hinaus stellt sich aber auch heraus, dass die Wachstumsraten unmittelbar nach Gründung, d. h. in den frühen Phasen der Unternehmenstätigkeit, keinesfalls extrem hoch waren.

Etwa sechs Jahre nach Gründung von Amazon, um das Jahr 2000 herum, stockte dessen Wachstumspfad sogar. Das Unternehmen blieb deutlich hinter den Erwartungen zurück. Jeff Bezos beschreibt diese Phase sogar selbst als Krisenzeit, in der es völlig unklar war, ob Amazon gesetzte Wachstumsziele erreichen kann – oder überhaupt überlebt. Jeff Bezos beschreibt ein konkretes Meeting um die Jahrtausendwende als zentralen Wendepunkt in der Entwicklung Amazons. In einem Meeting, bei dem das damals stockende Wachstum diskutiert wurde, zeichnete ein Teilnehmer als Ergebnis einen Kreis von Kenngrößen auf, und zwar von Kenngrößen, die sich gegenseitig verstärkten. Die Zeichnung legte dar, wie Amazon wachsen konnte: indem man das Geschäft nicht als Kette von Kenngrößen modellierte, sondern als einen Kreis aus sich in Summe verstärkenden Elementen: Mehr Traffic bringt mehr Verkäufe, diese ziehen mehr Anbieter auf der Plattform an, was zu mehr Auswahl führt, was wiederum den Traffic erhöht, weil mehr Kunden angezogen werden. Diese Logik ist in der Folgezeit als Flywheel-Logik in die Literatur eingegangen (Collins, 2001, 2019). Abb. 7.1 veranschaulicht diese

© Der/die Autor(en), exklusiv lizenziert durch Springer Fachmedien Wiesbaden GmbH, ein Teil von Springer Nature 2021
A. Engelen und O. Schneider, *Die Strategien digitaler Champions*, essentials, https://doi.org/10.1007/978-3-658-35940-9_7

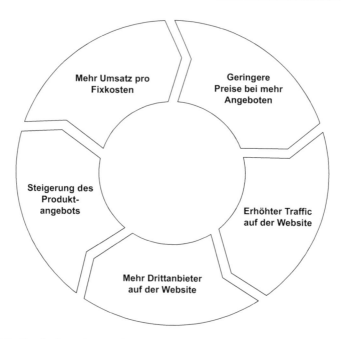

Abb. 7.1 Flywheel von Amazon in Anlehnung an Collins (2019)

Logik.

Dem Geschäftsmodell von Uber liegt eine ähnliche Logik zugrunde: Mehr Fahrgäste führen dazu, dass die Anzahl der Anbieter von Fahrdienstleistungen auf der Plattform steigt, was zu geringeren Wartezeiten führt, was wiederum die Plattform für Kunden interessanter macht und mehr Kunden anzieht. Dann beginnt der Kreislauf dieser Kenngrößen von vorne. Damit bringt Wachstum mehr Wachstum.

Erklärung

Wie lässt sich das Flywheel-Konzept genauer erklären? Aus den Beobachtungen wird deutlich, dass sich Kenngrößen in einer Art Kreislauf kontinuierlich immer weiter positiv beeinflussen und so immer mehr Wachstum für das Unternehmen generieren. Grundlegend ist dies möglich, weil die genannten digitalen Champions Plattformen aufgebaut haben, die Angebot und Nachfrage zusammenbringen.

Die Plattformen bestehen aus einer gewissen (und wachsenden) Anzahl an Anbietern und einer gewissen (und wachsenden) Anzahl an Nachfragern. Plattformen zeichnen sich nun durch Dynamiken auf beiden und zwischen beiden Seiten aus. Die Dynamik auf beiden Seiten kann über sogenannte Same-Side-Effekte erfasst werden (Parker et al., 2016). Positive Same-Side-Effekte bedeuten, dass ein Vertreter einer der beiden Seiten (also entweder ein Anbieter oder ein Nachfrager) davon profitiert, dass ein weiterer Vertreter dazukommt. Ein Anbieter profitiert von einem zusätzlichen Anbieter, weil das Produktportfolio der Plattform besser und umfangreicher wird und dadurch in Summe mehr Kunden angezogen werden. Wenn in einer Stadt peu à peu mehr Uber-Fahrer dazukommen und irgendwann die ganze Stadt abgedeckt ist, dann profitiert bis zu einer gewissen Grenze jeder bestehende Uber-Fahrer davon, weil sich Fahrgäste darauf verlassen können, dass sie von allen Fahrzielen innerhalb einer Stadt auch eine Rückfahrt werden buchen können. Ebenso profitieren Nachfrager auf Plattformen von weiteren Nachfragern. Jeder Nachfrager hinterlässt auf diesen Plattformen Daten durch die Nutzung und (in vielen Fällen) Bewertungen. Dadurch bekommt jeder weitere Nachfrager eine bessere, in vielen Fällen durch mehr Daten maßgeschneiderte Lösung und kann sich vorab ein Bild machen, beispielsweise über einen bestimmten Fahrer auf der Uber-Plattform. Ab gewissen Punkten sind negative Same-Side-Effekte denkbar, wenn beispielsweise der Wettbewerb um bestehende Kunden durch immer mehr Anbieter irgendwann zu groß wird. Oder wenn zu viele Nachfrager auf eine begrenzte Anzahl an Anbietern treffen. Wenn Plattformen jedoch das Wachstum beider Seiten geschickt managen, überwiegen positive Same-Side-Effekte oft sehr lange und ermöglichen langfristig Unternehmenswachstum.

Neben diesen Same-Side-Effekten gibt es auf Plattformen auch Cross-Side-Effekte. Positive Cross-Side-Effekte existieren, wenn eine Seite vom Wachstum auf der anderen Seite profitiert. Wenn beispielsweise in einem Gebiet mehr Fahrgäste bei Uber dazukommen, reduzieren sich die Wartezeiten der bestehenden Fahrer in diesem Gebiet. Mit jedem weiteren Fahrgast verstärkt sich dieser Effekt. Möglicherweise können sogar Preise erhöht werden. Wächst die Anzahl der Fahrer in einem Gebiet, dann reduziert sich die Wartezeit für die Fahrgäste nach dem gleichen Schema. Nach dieser Logik führt Wachstum auf der einen Seite zu mehr Nutzen für jeden bestehenden Plattform-Teilnehmer auf der anderen Seite. Theoretisch sind negative Cross-Side-Effekte denkbar, wenn ein Angebot so übermäßig wächst, dass der Markt komplett intransparent wird. Das sind aber eher theoretische Überlegungen und Gefahren, die von guten Plattformen vermieden werden.

Ein Flywheel profitiert nun von kontinuierlichen Same-Side-Effekte und Cross-Side-Effekte. Nehmen wir das Amazon-Beispiel: Mehr Nachfrager führen dazu, dass es mehr Bewertungen gibt, davon profitieren andere Nachfrager. Von mehr Nachfrage profitieren aber auch die Anbieter, weil sie höhere Umsätze generieren, was wiederum mehr Anbieter anzieht. Davon profitieren zunächst alle bestehenden Anbieter, weil Amazon generell mehr Traffic anzieht und attraktiver wird. Dadurch kommen wiederum mehr Nachfrager und der Prozess startet von neuem. Plattformen, die dies gut managen und sicherstellen, dass Same-Side-Effekte und Cross-Side-Effekte kontinuierlich positiv bleiben, erzielen im Sinne eines Flywheels, das sich bildlich gesprochen immer stärker dreht, Wachstumsraten, wie sie die genannten digitalen Champions erzielt haben.

Anwendung

Unternehmen sollten die Macht von Plattform-Geschäftsmodellen verstehen
Ein Flywheel ist in der beschriebenen Form insbesondere dann möglich, wenn technologische Plattformen vorhanden sind, die in sehr großem Maße Anbieter und Nachfrager zusammenbringen. Wenn solche technologischen Plattformen bestehen, benötigen die Unternehmen, die sie betreiben, praktisch keine eigenen physischen Assets, die die Leistung ausmachen (wie Taxis im Falle von Uber). Physische Assets in einen solchen sich selbst verstärkenden Kreislauf zu bringen, ist deutlich schwieriger und in vielen Fällen unmöglich, weil physische Assets mit Restriktionen einhergehen, die Plattformmodelle nicht mit sich bringen. Ein Hotel mit tatsächlichen Gebäuden und Räumen kann nicht unendlich skalieren, irgendwann ist der Raum in Innenstädten, der für Hotels potenziell verfügbar wäre, aufgebraucht. Airbnb umgeht dieses Problem, da privater Wohnraum, der temporär zur Verfügung steht, in dieser Hinsicht deutlich weniger strikten Limitationen unterliegt. Plattform-Geschäfte erlauben das Wachstum über Flywheels, wenn die physischen Assets an anderer Stelle bereits existieren (wie freie Plätze in Autos im Falle von Uber oder temporär freistehender Wohnraum wie bei Airbnb) und nutzbar gemacht werden.

Unternehmen sollten die Macht von Flywheels verstehen und relevante Kenngrößen identifizieren
Auch wenn digitale Plattformen die besten Möglichkeiten für die Flywheel-Logik liefern, können Nicht-Plattformen diese Logik grundsätzlich ebenfalls anwenden, indem sie Abhängigkeiten zwischen Kerngrößen ihres Geschäfts identifizieren und mittels Flywheel-Logik optimieren. Auch wenn in diesen Fällen möglicherweise physische Restriktionen auf der Anbieter-Seite deutlich schneller greifen, kann die

Flywheel-Logik auch in klassischen Geschäftsfeldern Dynamiken aufzeigen, die zu mehr Wachstum führen.

Zentrale Quellen

Collins, J. (2001). *Good to great: Why some companies make the leap... and others don't.* Random House Business.
Collins, J. (2019). *Turning the flywheel: A monograph to accompany good to great.* Random House.
Parker, G. G., van Alstyne, M. W., & Choudary, S. P. (2016). *Platform revolution: How networked markets are transforming the economy and how to make them work for you.* Norton & Company.

Beobachtung

Rückblickend kann der Startpunkt vieler bahnbrechender Innovationen auf die Intuition eines einzelnen Unternehmers zurückgeführt werden. Dieser war von dem Potenzial seiner Idee tief überzeugt und setzte alle Hebel in Bewegung, um seine Vision zu verwirklichen. Henry Ford ist ein Paradebeispiel solch eines visionären Unternehmers (Snow, 2014). Mit seiner Idee, ein für jedermann erschwingliches Automobil auf den Markt zu bringen, hat Henry Ford das Leben unzähliger Menschen nachhaltig verändert. Dabei musste er erhebliche Widerstände aus dem Establishment überwinden, das der Meinung war, es wäre unsinnig und wirtschaftlich unmöglich, ein Fahrzeug für die breite Masse zu bauen. Henry Ford und sein Erfolgsriecher sollten jedoch Recht behalten. Durch seinen Glauben an die eigene Vision hat er nicht nur das Leben der Menschen, sondern, denkt man an die weltweite erste Fließbandfertigung eines Automobils, auch die industriellen Produktionsprozesse sprunghaft auf ein neues Niveau gehoben.

Es gibt aber ein weiteres Kapitel in dieser Geschichte, das die Risiken für erfolgreiche Führungskräfte mit dem berühmten Bauchgefühl aufzeigt: Um weiterhin an der Spitze zu bleiben, muss das Fundament, das den Unternehmer initial zum Erfolg geführt hat, kontinuierlich auf den Prüfstand gestellt werden. Henry Ford betrat komplettes Neuland, es gab kein konkretes und direkt übertragbares Wissen, er musste sich auf seine Intuition verlassen und Analogien in anderen Industrien suchen. Die Inspiration für die Fließbandfertigung kam beispielsweise aus Schlachtbetrieben. Um den Produktionsdurchsatz zu erhöhen, war das Model T maximal standardisiert, z. B. in Bezug auf Farbe, Motor und Innenausstattung.

© Der/die Autor(en), exklusiv lizenziert durch Springer Fachmedien Wiesbaden GmbH, ein Teil von Springer Nature 2021
A. Engelen und O. Schneider, *Die Strategien digitaler Champions*, essentials, https://doi.org/10.1007/978-3-658-35940-9_8

An der maximalen Standardisierung hielt Ford aus Überzeugung lange fest, was sich später als schmerzhafter Fehler erwies. Denn erst Fords Festhalten daran ermöglichte in den 1920er Jahren den Aufstieg von General Motors, dessen Ansatz auf Individualisierbarkeit, d. h. auf Anpassbarkeit auf Kundenwünsche basierte – einem Ansatz, der eine höhere Produktionskomplexität bedeutete und also im Widerspruch zu Fords Ansatz der Durchsatzmaximierung durch Standardisierung stand. Jedoch stellte sich heraus, dass ein individualisiertes Automobil stärker nachgefragt und gekauft wurde, da es den aktuellen Kundenwunsch besser traf. Der Effekt: Zu Beginn der 1920er Jahre war ungefähr jedes zweite verkaufte Auto in den USA ein Ford, fünf Jahre später nur noch jedes dritte. Zum Ende des Jahrzehnts sah sich die Ford Motor Company gezwungen, ihre Strategie und Produktionsprozesse ebenfalls auf stärkere Individualisierbarkeit umzustellen – ein kostspieliger und schmerzhafter Prozess, im Zuge dessen Fords Marktanteil in den USA auf ca. 15 % fiel. Vereinfacht gesagt hatte Ford den Markt falsch eingeschätzt, an Dingen festgehalten, die ihn zunächst erfolgreich gemacht hatten, und damit seinen initialen Erfolg aufs Spiel gesetzt.

Auch heutzutage straucheln Unternehmen, darunter sogar sehr erfolgreiche, dabei, den Kundenwunsch richtig einzuschätzen. Wenn ein ehemals überaus erfolgreiches Produkt irgendwann nicht mehr zum Markt zu passen scheint, wird es zügig weiterentwickelt und oftmals erst hinterher festgestellt, dass am Markt vorbei entwickelt wurde. Dies führt mindestens zu schmerzhaften Investitionen in eine Kurskorrektur, oftmals zu erheblichen Marktanteilsverlusten, schlimmstenfalls zum Untergang. Windows 8 von Microsoft ist ein gutes Beispiel hierfür. Als das Betriebssystem für den PC mobilgerätetauglich gemacht wurde, übersah man, dass der Kernkunde weiterhin den PC nutzt. Die Kernkunden waren unzufrieden mit der Weiterentwicklung. Es kam zu kurzfristigen Veränderungen und zu einer Ablösung durch Windows 10 weit vor dem eigentlich geplanten Ende des Produktlebenszyklus.

Beide Beispiele zeigen, dass für den langfristigen Erfolg die Produktpositionierung kontinuierlich am Markt ausgerichtet werden muss. Dies erfordert nicht selten fundamentale Änderungen an ehemaligen Erfolgsfaktoren, um nicht ins Hintertreffen zu geraten. Ein Blick auf die jüngere Entwicklung zeigt, dass dies überproportional häufig jungen Unternehmen gelungen ist, die oftmals einen digitalen Wertschöpfungskern haben. Die Ergebnisse einer Marktstudie der Unternehmensberatung McKinsey & Company zeigten, dass der Altersmedian der Standard & Poor's Top 10 Unternehmen von 85 Jahren im Jahr 2000 auf 33 Jahre im Jahr 2018 fiel, mit der Prognose, dass sich diese Entwicklung fortsetzt (Hillenbrand et al., 2019). Nun stellt sich die Frage, was die Ursache hierfür

ist: Ist die Anzahl an Unternehmern mit dem richtigen Riecher bei Neupro-
duktentwicklungen und Produktweiterentwicklungen höher als bei traditionellen
Unternehmen (eher unwahrscheinlich) oder machen diese jungen Unternehmen
etwas grundlegend anders?

Erklärung

Digitale Champions haben gegenüber ihren etablierten Wettbewerbern überpro-
portionalen Erfolg. Ein Grund hierfür liegt in ihrem digitalen Wertschöpfungskern, der ihnen ein Vorgehen ermöglicht, das den traditionellen Unternehmen
eher verschlossen bleibt: Experimentation at Scale. Dieses bietet, wenn richtig
angewendet, entscheidende Wettbewerbsvorteile (Thomke, 2020).

Booking.com, die weltweit größte Onlineplattform zur Buchung von Reise-
unterkünften, Mietwagen und Flügen, ist der Archetyp eines experimentierenden
Unternehmens. Bereits die Startseite, die Nutzer angezeigt bekommen, ist niemals gleich. Booking.com erzeugt fortlaufend Layoutvarianten seiner Startseite
in Bezug auf Auswahl und Platzierung der Inhalte. Dabei ändern sich zum
Beispiel die angezeigten Links, die Navigationsoptionen oder auch deren jewei-
lige Farbnuancierungen. Dieses experimentierende Vorgehen ist bei Booking.com
durchgängig verankert, d. h. nicht nur auf der Startseite. Warum ist das so?

Booking.com hat erkannt, dass seine eigene intuitive Einschätzung des Kun-
denwunsches zu 90 % von der Realität abweicht. Konkret bedeutet das, dass
in neun von zehn Fällen, in denen Booking.com davon ausgehen würde, durch
eine Layoutänderung ein bestimmtes Verhalten von Nutzern zu erhalten, diese
Änderung in der Realität nicht zu den erwarteten oder sogar zu überhaupt keinen messbaren Reaktionen führt. Die laufende Erzeugung von Varianten soll also
nicht verhindern, dass dem Nutzer langweilig wird, sondern es soll dadurch getestet werden, welche Variante welchen Effekt auf das Nutzerverhalten hat. Bei
Booking.com gibt es hierfür das sogenannte Experimentation Lab, welches entwickelt wurde, um zielgerichtet und in sehr großem Umfang zahlengetriebene
Erkenntnisse darüber zu gewinnen, was wirklich funktioniert und was nicht.

Die Bereitschaft, die Ergebnisse eines Experiments dann auch umzusetzen, ist
entscheidend für den Erfolg digitaler Champions (Ries, 2011). Dies ist jedoch
eine große Herausforderung. Es müssen Maßnahmen umgesetzt werden, die mit
hoher Wahrscheinlichkeit nicht dem entsprechen, was Manager glauben oder
was die vorherrschende Meinung im Unternehmen ist – oder noch „schlim-
mer", was derzeit den Erfolg ausmacht. Darüber hinaus sind aufgrund der neu

gewonnenen Erkenntnisse oftmals fundamentale Richtungsänderungen erforder-
lich, wofür Bereitschaft zum Wandel und Energie zur Umsetzung nötig sind.
Erfolgt die Umsetzung konsequent, kann Experimentation at Scale ein klarer
Wettbewerbsvorteil sein.

Wie nun lässt sich Experimentation at Scale charakterisieren? Für Stefan
H. Thomke von der Harvard Business School darf Experimentieren nicht will-
kürlich stattfinden, sondern muss in einen sehr konkreten wissenschaftlichen
Prozess eingebettet sein (Thomke, 2020). Dieser Prozess beginnt mit der Auf-
stellung einer überprüfbaren Hypothese. Konkret ist dies eine Aussage über den
erwarteten Effekt auf eine Zielgröße, wenn eine Ausgangsgröße verändert wird.
Dies erfordert in einem zweiten Schritt die Konzeption der Zielgröße, z. B. bei
einem Onlineshop die Erhöhung der Conversion Rate. Als dritter Schritt wird
das Experiment durchgeführt. Dann erfolgen Messung und Interpretation des
Ergebnisses.

Im Unterschied zum traditionellen Vorgehen sind Daten hier der Ausgangspunkt, nicht die Intuition. Zusätzlich wird in sehr großem Umfang, d. h. at Scale
getestet. Google und Bing berichten (ähnlich wie Booking.com), dass nur 15 %
der durchgeführten Experimente überhaupt zu brauchbaren Erkenntnissen führen,
d. h. zu Unterschieden zwischen den Kontrollgruppen. Das bedeutet aber auch,
dass bei 1000 durchgeführten Experimenten 150 Ansätze gewonnen werden,
um das bestehende Produkt zu verbessern. Um kontinuierlich neue verwertbare
Erkenntnisse zu gewinnen, wird also eine gewisse Menge an Tests benötigt, was
das Geschäftsmodell auch hergeben muss. Zuletzt kommt es auch auf den Mind-
set an. Es bedarf der Grundeinstellung, dass der Status quo kontinuierlich infrage
gestellt werden darf und dass dabei den Daten mehr vertraut werden sollte als
der eigenen Intuition.

Könnte der gleiche Effekt nicht auch erreicht werden, wenn man Kunden
direkt befragt? Im Gegensatz zum Befragen stellen Experimente auf tatsächliches
Verhalten von Kunden ab. Dies kann am Beispiel von Philips sehr gut verdeutlicht
werden: Eine Fokusgruppe sollte unter anderem bewerten, in welcher Farbe ein
neuer elektrischer Rasierer im Markt eingeführt werden sollte. Zur Auswahl standen Schwarz und Gelb. Die Fokusgruppe wählte überwiegend die Farbe Gelb. Als
Dank für die Teilnahme wurde den Befragten im Nachhinein der Rasierer kos-
tenlos angeboten, in Schwarz oder Gelb. Fast alle wählten schwarz. Das heißt,
dass das, was Kunden oder Experten äußern, und das, was sie dann tun, massiv
auseinanderfallen kann. Genau dies ist der Grund für Experimentation at Scale.

Anwendung

Auch traditionelle Unternehmen können at scale experimentieren
Experimentation at Scale ist digitalen Unternehmen leichter möglich als Unternehmen mit traditionellem Wertschöpfungskern. Digitale Unternehmen haben die Möglichkeit, im großen Umfang in fast unendlichen Facetten Experimente durchzuführen. Hierdurch entstehen kontinuierlich Erkenntnisse über erforderliche oder mögliche Veränderungen bzw. Angebotserweiterungen. Trotzdem hat bereits das Beispiel von Philips gezeigt, wie klassische Unternehmen sich das Konzept des Experimentierens zunutze machen können.

Die britische Finanzbehörde hat beispielsweise die eigene Wertschöpfung folgendermaßen hinterfragt: Im Fokus eines Experiments stand ein Brief zur Zahlungserinnerung für Steuersäumige. Dabei wurde die Hypothese aufgestellt, dass durch eine verständnisvollere Art der Ansprache mehr ausstehende Steuern eingetrieben werden können. Die getestete Produktvariante war also der verständnisvoller formulierte Brief, die Zielgröße war der Anteil der Steuersäumigen, die innerhalb eines gewissen Zeitraums nach Erhalt des Briefes ihre Steuerschuld beglichen haben würden. Der alternative Brief wurde entworfen, die bestehende und die alternative Variante wurden an jeweils eine vergleichbar große Gruppe von Testkunden geschickt. Das Experiment ergab, dass die Quote der zurückgezahlten Steuern bei der Gruppe, an die der Brief mit der alternativen Formulierung verschickt wurde, höher war (Luca & Bazerman, 2020).

Die Vorteile des richtigen Experimentierens überwiegen gegenüber den Risiken
Das Experimentieren mit neuen Produktvarianten ist auf den ersten Blick ein Risiko. Zunächst verursacht ihre Herstellung Kosten, in dem Wissen, dass dies mit hoher Wahrscheinlichkeit zu keiner nutzbaren Erkenntnis führt. Darüber hinaus wird eine Variante, mit der in großem Umfang experimentiert wird, am Markt sichtbarer sein als eine Variante, die im Rahmen einer durchgeführten Befragung von Fokusgruppen eingesetzt wird. Der natürliche Impuls von Managern, Produktideen, die noch nicht komplett ausgereift sind, nicht dem Markt zu zeigen, steht im Widerspruch zu einem Experiment. Eine Befragung erscheint kostengünstiger, weniger risikoreich und ggf. genauso zielführend. Trotzdem kann die aus einem kontrollierten Experiment gewonnene Erkenntnis diese Nachteile schnell wettmachen. Nehmen wir das Beispiel von Philips: hätte Philips nur auf die Ergebnisse der Fokusgruppe gehört, wie sähe dann die Erfolgsbilanz des Produkts aus?

All diese Gedanken zeigen, dass auch traditionelle Organisationen vom kontrollierten Experimentieren profitieren können. Es gibt hier jedoch auch Grenzen, sowohl für digitale als auch für klassische Unternehmen. Durch Experimentieren kann etwas Bestehendes in kleinen Schritten zielgerichtet weiterentwickelt werden. Strategische Entscheidungen, wie beispielsweise der Eintritt in einen neuen Markt, können jedoch kaum durch Experimente abgebildet werden. Hier bedarf es wieder der Intuition und Erfahrung der Führungskräfte.

Zentrale Quellen

Hillenbrand, P., et al. (2019). Traditional company, new businesses: The pairing that can ensure an incumbent's survival. https://www.mckinsey.com/industries/oil-and-gas/our-insights/traditional-company-new-businesses-the-pairing-that-can-ensure-an-incumbents-survival.

Luca, M., & Bazerman, M. (2020). *The power of experiments: Decision making in a digital world*. MIT Press.

Ries, E. (2011). The lean startup: How today's entrepreneurs use continuous innovation to create radically successful businesses. *Currency*.

Snow, R. (2014). *I invented the modern age: The rise of Henry Ford* (Reprint Edition). Scribner.

Thomke, S. (2020). *Experimentation works: The surprising power of business experiments*. Harvard Business Review Press.

Beobachtung

Michael Porter hat mit seiner Forschungsarbeit die Strategielehre und -praxis geprägt. Sein Framework zur Herleitung der optimalen Markteintrittsstrategie zählt zu den zentralen Erkenntnissen seiner Arbeit (Porter, 1980). Nach Porter gilt es zunächst, einen attraktiven Markt auszuwählen und sich auf diesen zu fokussieren. Ein attraktiver Markt sollte dabei bei möglichst vielen der prominenten fünf Kräfte gut abschneiden: Wettbewerbsintensität, Verhandlungsmacht der Lieferanten, Verhandlungsmacht der Kunden, Bedrohung durch neue Wettbewerber und Gefahr durch Produktsubstitute.

Als nächstes ist für den ausgewählten Markt ein generischer Strategietyp auszuwählen, der Wettbewerbsvorteile ermöglicht. Laut Porter gibt es hierfür zwei Alternativen: Unternehmen können einerseits bei ihrer Leistung auf einem mindestens notwendigen Qualitätslevel den günstigsten Preis anbieten (Kostenführerschaft) oder zu einem akzeptablen Preis bei mindestens einem Qualitätsmerkmal besser abschneiden als die Konkurrenz (Differenzierungsstrategie). Mittelwege mit einem mittleren Preis und einer mittleren Differenzierung funktionieren normalerweise nicht, da es immer günstigere oder bessere Lösungen gibt.

Im Markt für Konsumgüter verfolgt beispielsweise Procter & Gamble eine Differenzierungsstrategie. Die Produkte unterscheiden sich vom Wettbewerb insbesondere hinsichtlich ihrer besseren Qualität. Dies ermöglicht einen hohen Preispunkt, erfordert jedoch signifikante Investitionen in Forschung und Entwicklung und den Aufbau der Marke. Die Dalli-Werke hingegen verfolgen eine Strategie der Kostenführerschaft. Die Wertschöpfungskette ist in Gänze darauf ausgerichtet, die Produkte zu den geringstmöglichen Kosten herzustellen. Dies

A. Engelen und O. Schneider, *Die Strategien digitaler Champions*, essentials,
https://doi.org/10.1007/978-3-658-35940-9_9

ermöglicht bei einer vernünftigen Qualität einen niedrigeren Preispunkt. Gleichzeitig steht der Aufbau einer Marke oder auch die Investition in Forschung und Entwicklung weniger im Fokus.

Blickt man jedoch auf die jüngere Vergangenheit, wird schnell deutlich, dass die strategische Vorgehensweise digitaler Champions mit der klassischen Sicht schwer erklärt werden kann. Bei Amazon stellt sich zunächst die Frage, in welchem Markt das Unternehmen (primär) aktiv ist: Ist Amazon ein Logistikdienstleister, Online-Einzelhändler, Filmproduzent, Cloud-Computing-Anbieter oder Technologie-Experte? Diese Frage lässt sich ebenso wenig eindeutig beantworten wie die nach der primären generischen Positionierung – insbesondere, da nicht klar ist, auf welche Wettbewerber eine Kostenführer- oder Differenzierungspositionierung zu beziehen wäre.

Erklärung

Ein Zitat von Jeff Bezos, dem Gründer und CEO von Amazon, lautet: „Wenn wir einen Golden Globe gewinnen, hilft es uns, mehr Schuhe zu verkaufen. Und das auf sehr direkte Weise." Diese Aussage ist bemerkenswert, stellt er damit doch einen klaren Bezug zwischen seinen unterschiedlichen, im Kern unverbundenen Produktkategorien aus sehr verschiedenen Märkten her (Stone, 2013). Gut sein in einem Markt, um davon auch in einem völlig anderen Bereich zu profitieren – ein Gedanke, der mit der klassischen Strategielehre von Michael Porter nicht unmittelbar zu erklären ist.

Auf der Basis dieser Beobachtung hat Sunil Gupta die Logik von Michael Porter weiterentwickelt und Grundgedanken der digitalen Transformation über die Zeit mit aufgenommen. Dabei wurde die in Abb. 9.1 dargestellte digitale Strategiematrix entwickelt, um heutige Strategieansätze führender digitaler Unternehmen besser erklären zu können (Gupta, 2018).

Diese digitale Strategiematrix klassifiziert Strategietypen anhand von zwei Dimensionen: Produktumfang (Einzelprodukte oder viele Produkte) sowie Kundenzielgruppe (Einzelkunden oder viele Kunden). Aus der Kombination dieser beiden Kriterien ergeben sich vier Strategietypen.

Im Quadranten unten links (Einzelprodukte und Einzelkunden) findet sich die klassische Strategiesicht wie von Michael Porter vorgeschlagen. Unternehmen wählen einen Markt und positionieren sich dort als gut oder günstig – d. h. als Differenzierer oder Kostenführer.

Oben links (Einzelprodukte und viele Kunden) finden sich Strategien, die auf Netzwerkeffekte bauen: Produkte wie WhatsApp, die sich darüber positionieren,

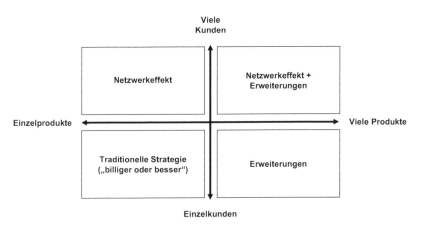

Abb. 9.1 Digitale Strategiematrix in Anlehnung an Gupta (2018)

dass sie durch eine große Menge von Nutzern eine Community aufbauen und damit für den Einzelnen einen einmaligen Nutzen generieren. Unternehmen, die diese Strategie verfolgen, sind fast ausnahmslos rein digitale Unternehmen.

Unten rechts (Einzelkunden und viele Produkte) befindet sich die Erweiterungsstrategie. Hier wird Nutzen für den Kunden geschaffen, indem zum initialen Produkt weitere Leistungen über die Zeit vermarktet werden. Äußerst attraktiv wird dieses Vorgehen, wenn es sich um digitale Erweiterungen zu initial physischen Produkten handelt, wie die Musik als Ergänzung zum iPod. Der Vorteil dieses Vorgehens: digitale Erweiterungen sind sehr gut skalierbar und kombinierbar. Das Unternehmen baut zudem eine ganz andere Beziehung zu seinem Kunden auf – eine digitale. Dadurch ist es in der Lage, seinen Kunden kennenzulernen, d. h. sein Verhalten zu verstehen und irgendwann vorherzusagen. Dies ermöglicht der digitale Kanal, der über die Erweiterungsstrategie entsteht. Unternehmen dieses Quadranten bieten oftmals bereits Produkte aus klassischen Märkten an, wie Hardware (iPod) und Unterhaltung (Musik für den iPod).

Im Quadranten oben rechts in der Matrix befindet sich die Kombination aus Erweiterungen und Netzwerkeffekten – es werden viele Produkte an viele Kunden vermarktet. Hier befindet sich Amazon, aber auch andere Unternehmen wie Nike mit dem Run Club. Unternehmen mit einer solchen Strategie bieten eine breite Palette sowohl von eigenen als auch von Fremdprodukten an, binden den Kunden durch Communities (Netzwerkeffekte) und Produkte, die für den täglichen Verbrauch benötigt werden. Dadurch baut das Unternehmen eine breite Beziehung zu den Kunden auf und ist für sie in Bezug auf eine oder mehrere Bedürfnisse immer da. Daraus entwickeltes Kundenwissen führt zu einer einzigartigen strategischen Positionierung, die der Kunde extrem wertschätzt. Zudem wollen andere Anbieter dazukommen und ihre Produkte über die geschaffene Plattform vermarkten. Unternehmen mit einer solchen kombinierten Strategie besitzen eine überlegene Marktposition, die Grundlage für hohe Margen und außergewöhnliches Wachstum ist.

Dadurch steht die Frage, in welchem Markt Amazon unterwegs ist, nicht mehr im Mittelpunkt der Strategiefindung. Amazon positioniert sich als Technologie- und Datenunternehmen, das den Kunden besser kennt als alle anderen Unternehmen, und zwar für alle Produkte, unabhängig, aus welchem Markt sie kommen.

Anwendung

Unternehmen mit klassischem Kern profitieren auch von Netzwerkeffekten und Erweiterungen

Netzwerk- und Erweiterungsstrategien sind nicht nur Unternehmen wie Amazon vorbehalten. Das Kernprodukt von Peloton ist beispielsweise ein Heim-Fahrradtrainer. Davon ausgehend erweitert Peloton sein Angebot, indem es Videos mit Kursprogrammen anbietet, die regelmäßig dazugekauft werden können. Zudem hat Peloton um seinen Kern herum eine Community aufgebaut, virtuelle Trainer kennen die Vorlieben und Trainingszeiten der Kunden, Videos mit Trainingsprogrammen werden auf diese Weise optimiert. Peloton kennt die sportliche Verfassung, die Präferenzen, die Erfolge der Kunden im Training und vieles mehr. Peloton kann sein Angebot auf den einzelnen Kunden maßgeschneidert anpassen, und Drittanbieter sind sehr daran interessiert, von der Community zu profitieren – daher steht Peloton in der Matrix oben rechts.

Eine Marktsicht sollte durch eine gesamthafte Kundensicht zumindest ergänzt werden

So zentral die Marktsicht in klassischen Strategieprojekten auch war, heutzutage sollte sie zumindest um eine gesamthafte Kundensicht ergänzt werden. Digitale Plattformen und Datenpools erlauben es, die Verbindungen zwischen verschiedensten Produktgruppen – wie durch Jeff Bezos' Aussage verdeutlicht – zu kombinieren und dem Kunden übergreifende Lösungen aus einer Hand individuell optimiert anzubieten. Daher sollte in Strategieprojekten neben der Marktsicht explizit die gesamthafte Kundensicht eingenommen und dabei überprüft werden, welche weiteren Bedürfnisse mit dem bereits bedienten zusammenhängen. Dies kann über die Zeit zu einer marktübergreifenden Positionierung führen. Amazon beispielsweise wechselte vom Verkauf zur Herstellung von Elektronik. Das Unternehmen verkaufte lange Zeit E-Books, bevor es dazu überging, selbst Amazon Kindle zu entwickeln.

Die digitale Strategiematrix ermöglicht im Lauf der Zeit eine unternehmerische Transformation
Abschließend sollte berücksichtigt werden, dass auch digitale Champions irgendwann einmal klein angefangen haben. Amazon startete als elektronischer Buchhandel mit einer Strategie der Kostenführerschaft. Die gleiche Strategie wählte Netflix für seinen Versand von DVDs. Beide Unternehmen richteten alles darauf aus, möglichst schnell aus diesem Kern zu wachsen. Dies ermöglichte ihnen dann die Transformation in die weiteren Quadranten und den Aufbau ihrer jetzigen Marktmacht. Hätten beide Unternehmen versucht, sich sofort nach Unternehmensgründung im Quadranten oben rechts (Erweiterungen und Netzwerkeffekte) zu etablieren, wären sie mit hoher Wahrscheinlichkeit gescheitert. Daher ist die Wahl der richtigen Strategie und somit des Weges innerhalb der Strategiematrix auch eine Frage des richtigen Zeitpunktes.

Zentrale Quellen

Gupta, S. (2018). *Driving digital strategy: A guide to reimagining your business*. Harvard Business Review Press.
Porter, M. E. (1980). *Competitive strategy*. Free Press.
Stone, B. (2013). *The everything store: Jeff Bezos and the age of Amazon*. Little, Brown and Company.

B.Mature.2: Konsum-Ökosysteme

10

Beobachtung

Unternehmen existieren seit jeher, um Kundenbedürfnisse zu befriedigen. Hierfür wird ein Gut produziert oder eine Dienstleistung erbracht, wodurch dem Kunden ein Nutzen entsteht. Erkennen Unternehmen, dass der Kundennutzen bei einer gemeinsamen Wertschöpfung größer ist, so schließen sie Kooperationen, klassischerweise entlang der Wertschöpfungskette. Dies bedeutet, dass die beteiligten Unternehmen sich so miteinander verzahnen, dass der eine ein Vorprodukt für den anderen liefert. Diese Art der Zusammenarbeit ist beispielsweise in der Automobilbranche stark ausgeprägt: Zulieferer produzieren fast alle für ein Fahrzeug benötigten Vorprodukte, die der Automobilhersteller eigentlich „nur" noch zusammensetzen muss.

Diese Art des Zusammenschlusses wird auch vertikale Kooperation genannt. Ein wesentlicher Vorteil liegt dabei darin, dass sich die Beteiligten auf ihre Teilaufgabe konzentrieren können. Abhängig vom gemeinsamen Ziel kann der Einzelne entweder seine Leistung kostenoptimiert oder auf bestmöglichem Niveau erbringen. In der Summe lässt sich bei der richtigen Kombination der einzelnen Bausteine der Wert für den Kunden maximieren. Ein Nachteil ist, dass die Skalierbarkeit ab einem gewissen Punkt sinkt: Ist die Wertschöpfung auf das kleinste sinnvolle Niveau heruntergebrochen und aufgeteilt, dann ist eine weitere Aufteilung schwer möglich bzw. sogar kontraproduktiv. Dies bedeutet, dass der Wert für den Kunden ab diesen Punkt wieder sinken würde. Man spricht in diesem Zusammenhang auch von einem abnehmenden Grenznutzen.

Eine Alternative bietet die horizontale Kooperation: Dabei schließen sich Unternehmen ebenfalls mit dem Ziel zusammen, den Wert für den Kunden zu

A. Engelen und O. Schneider, *Die Strategien digitaler Champions*, essentials, https://doi.org/10.1007/978-3-658-35940-9_10

erhöhen. Diesmal jedoch nicht, indem eine Beziehung entlang der Wertschöpfungskette eingegangen wird, sondern, indem die Produkte bzw. Leistungen an sich kombiniert werden. Der Zusammenschluss von LG und Samsung zur gemeinsamen Entwicklung der LCD-Bildschirmpaneltechnologie ist dafür ein gutes Beispiel. Ohne die Fähigkeit des jeweils anderen wäre die entwickelte Technologie in dieser Qualität, Geschwindigkeit und zu diesem Preispunkt wohl nicht möglich gewesen. Auch hier steht der Vorteil der Spezialisierung dem Nachteil des abnehmenden Grenznutzens entgehen. Irgendwann wird der Koordinationsaufwand zwischen den Partnern den erwarteten Mehrwert übersteigen. Das bedeutet, dass auch die Skalierbarkeit dieser Kooperationsart von traditionellen Unternehmen schnell eine natürliche Grenze findet.

Digitale Champions haben eine weitere Form des unternehmerischen Zusammenschlusses etabliert, welche ebenfalls die Vorteile einer Spezialisierung, aber gleichzeitig eine wesentlich höhere Skalierbarkeit bietet. Welche ist es und wie funktioniert sie?

Erklärung

Digitale Champions wie Amazon, Alibaba oder auch Google schaffen es, ihre Wertschöpfung mit einer theoretisch unbegrenzten Anzahl von Partnern zu kombinieren und dabei einen kontinuierlich steigenden Kundennutzen zu generieren (Parker et al., 2016). Dies ist ihnen möglich, da sie wenige physische Güter herstellen, sondern vielmehr digitale Plattformen schaffen, auf denen verschiedenste Unternehmen andocken können. Das wiederum ermöglicht dem einzelnen Kunden einen individualisierten, reibungslosen Zugang zu einer Vielzahl verschiedener Produkte und Dienstleistungen, wodurch für den Kunden ein deutlicher Mehrwert geschaffen wird. Diese Plattformen werden auch Konsum-Ökosysteme genannt.

Shopify ist ein Paradebeispiel eines digitalen Champions, der ein Konsum-Ökosystem aufgebaut hat: Shopify, 2004 von Tobias Lütke noch als Snowdevil gegründet, ist eine E-Commerce-Plattform für kleine und mittelgroße Unternehmen. Shopify bietet seinen Partnern die Möglichkeit, Online-Shops aufzubauen und ihre Logistik auszulagern. Um diesen Kern hat Shopify ein App-Ökosystem aufgebaut. Drittbieter können über Apps Zusatzfunktionalitäten anbieten, welche die Shopify-Partner in ihrem Online-Shop einbinden können. Beispiele hierfür sind Apps für Online-Marketing, Kundenbetreuung oder auch für den Warenversand. Dadurch ist es den Shopify-Partnern in ihren Online-Shops möglich, ihren eigenen Kunden ein attraktiveres Angebot zu machen und dadurch mehr Umsatz zu generieren. Dies ist gleichermaßen gut für Shopify, da die E-Commerce-Plattform insgesamt attraktiver und häufiger eingesetzt wird und darüber hinaus Shopify auch am App-Umsatz der Drittanbieter partizipiert. Mittlerweile gibt es mehrere tausend dieser Apps, Tendenz stark steigend.

Es ist wichtig zu beachten, dass es unterschiedliche Optionen gibt, Konsum-Ökosysteme aufzubauen. Welche Option die erfolgversprechendste ist hängt vom Geschäftsmodell ab. Subramaniam und Piskorski (2020) entwickelten ein Modell zur Systematisierung dieser strategischen Optionen. Sie beschreiben vier Strategietypen, die aus zwei Fragestellungen hergeleitet werden. Erstens: sind die Daten, die generiert werden, kontrollierbar, d. h. kann das Unternehmen auch wirklich eigene Services/Produkte aus diesen Daten ableiten? Zweitens: wie einzigartig sind die Daten, d. h. hat noch ein anderer darauf Zugriff oder sind sie wirklich nur dem fokalen Unternehmen zugänglich?

Hieraus ergeben sich die folgenden vier Strategietypen (siehe Abb. 10.1): 1) Sind Einzigartigkeit und Kontrollierbarkeit hoch, bietet sich eine Full-Platform-Strategie an. Hierbei wird durch ein Unternehmen ein eigenes Netzwerk bzw. ein eigenes Ökosystem aufgebaut, an das andere Unternehmen andocken. Dadurch entsteht ein neuer Service, der einen Mehrwert für den eigenen Kunden hat. Amazon ist ein Beispiel eines Unternehmens mit einer solchen Strategie. 2) Sind die Daten, die generiert werden, einzigartig, während gleichzeitig die Kontrollierbarkeit gering ist, bietet sich eine sogenannte Enabled-Platform-Strategie an. Dabei bieten Unternehmen ihren Partnern die Technologie zur Vernetzung an, so dass

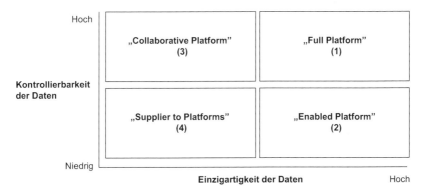

Abb. 10.1 Konsum-Ökosystemstrategien in Anlehnung an Subramanian und Piskorski (2020)

die Partnerunternehmen die erzeugten Daten auswerten und für sich nutzen können. Die Plattformunternehmen selbst können die Daten nicht nutzen, weil sie
keinen Zugriff darauf haben. Intuit, ein Hersteller von Unternehmenssoftware, ist
ein Beispiel für ein solches Unternehmen. Intuit bietet seinen Kunden Sensoren
an, um Warenbestände zu messen, darauf Auswertungen zu fahren und automa-
tisiert Bestellungen auszulösen. Die Daten liegen beim Kunden, d. h. nicht in
Reichweite von Intuit, welches die Vernetzung jedoch ermöglicht.

3) Ist die Einzigartigkeit gering, aber die Kontrollierbarkeit hoch, spricht
man von sogenannten Collaborative-Platform-Strategien. Ein Hersteller von Kühl-
schränken könnte ein Beispiel eines Unternehmens mit einer solchen Strategie
sein. Über eingebaute Sensoren im Kühlschrank könnte der Warenbestand gemes-
sen und an einem bestimmten Punkt eine Nachbestellung ausgelöst werden.
Gleichzeitig könnte aber z. B. Amazon oder ein anderer Anbieter im Lebensmit-
telmarkt vergleichbare Daten für diesen Kunden besitzen. In solchen Situationen
bietet es sich für das Unternehmen an, sich mit größeren Ökosystemen zusam-
menzuschließen. Dies ermöglicht den Datenaustausch untereinander und schafft
für den Kunden einen noch höheren Mehrwert. 4) Sind sowohl die Kontrollierbarkeit als auch die Einzigartigkeit der Daten gering, bietet sich der Aufbau eines
eigenen Ökosystems nicht an, sondern eher, wenn möglich, der Beitritt zu einem
bereits bestehenden Ökosystem.

Digitale Champions sind durch ihren digitalen Wertschöpfungskern in der
Lage, Konsum-Ökosysteme aufzubauen, bei denen der Kundennutzen durch die
Aufnahme neuer Plattformanbieter kontinuierlich steigt. Abhängig von der Art
des Geschäftsmodells gibt es die vier vorgestellten strategischen Optionen. Was
bedeutet dies nun für klassische Unternehmen? Ist ihnen der Aufbau eines
Konsum-Ökosystems ebenfalls möglich?

Anwendung

Unternehmen mit klassischem Wertschöpfungskern sollten das Tool der Konsum-
Ökosysteme nicht ihren digitalen Wettbewerbern überlassen. Denn auch ihnen
bieten sich interessante Geschäftsmöglichkeiten, wenn sie mit ihren physischen
Gütern digitale Konsum-Ökosysteme aufbauen. Dies ist beispielsweise möglich,
wenn ihre Produkte mit Sensoren ausgestattet werden können. Die durch die Sen-
soren generierten Daten ermöglichen entweder den Aufbau von eigenen oder das
Andocken an vorhandene Plattformen, um einen Mehrwert für die bestehenden
Kunden zu schaffen. Die folgenden zwei Beispiele verdeutlichen dies:

Caterpillar: baustellenübergreifende Optimierung durch Sensorik der Baufahrzeuge

Caterpillar stattet seine Baumaschinen mit Sensoren und Kameras aus. So können die Maschinen auf einer Großbaustelle überwacht bzw. kontrolliert werden. Zusätzlich ist es möglich, die Ströme von Baumaterialien, die Bewegungen und den Stillstand der Baumaschinen zu erfassen und analysieren. Beispielsweise können dem Baustellenbetreiber auf Basis dieser Daten Optimierungen der Baustelle vorschlagen werden. Darüber hinaus ist es möglich, baustellenübergreifend zu prüfen, ob die Baufahrzeuge nicht für ein paar Tage umverteilt werden können oder bestimmte Baumaterialien zunächst zu einer anderen Baustelle geliefert werden sollten. Die zusätzlich installierten Sensoren schaffen einen Mehrwert für Caterpillar, den Sensorikhersteller und den Baustellenbetreiber.

Ford: automatisierte Kombination von Mobilität und Konsum

Ford hat in einem Pilotprojekt ein sprachgesteuertes Alexa-System in seine Fahrzeuge eingebaut, mit dem die Fahrer einen Kaffee bei Starbucks bestellen konnten. Diese Bestellung wurde an ein passendes Restaurant weitergeleitet und unter Berücksichtigung von Verkehrs- und Wetterinformationen die erwartete Ankunftszeit ermittelt. Somit ist es dem Restaurant möglich, den Kaffee zum richtigen Zeitpunkt zuzubereiten. Nach Übergabe wird die Bestellung über einen angedockten Zahlungsanbieter digital abgerechnet. Ein Nutzen für alle beteiligten Parteien: den Fahrer (einfacher und nahtloser Zugang zu einem Kaffee), Ford, Starbucks und den Zahlungsanbieter (generierter Umsatz).

Konsum-Ökosysteme setzen eine gewisse Reife voraus

Abschließend ist zu berücksichtigen, dass der Mehrwert eines Konsum-Ökosystems auch abhängig von der Reife des Unternehmens ist: Junge Unternehmen sind mit ihrer Plattform für neue Anbieter zunächst oft nicht direkt attraktiv. Hier muss im Laufe der Zeit zunächst eine gewisse Relevanz aufgebaut werden, indem kontinuierlich neue Anbieter und Zusatzfunktionalitäten aufgenommen werden. Dies kann ein Vorteil für klassische Unternehmen sein, da diese auf ihrem etablierten Geschäftsmodell und dem vorhandenen Kundenstamm aufbauen können.

Zentrale Quellen

Parker, G. G., van Alstyne, M. W., & Choudary, S. P. (2016). *Platform revolution: How networked markets are transforming the economy and how to make them work for you.* Norton & Company.

Subramaniam, M., & Piskorski, M. (2020). How legacy businesses can compete in the sharing economy. *MIT Sloan Management Review Summer Issue, Jahrgang 61, Nummer 4,* S. 31–37.

Was Sie aus diesem *essential* mitnehmen können

- Drei Querschnittstools und sechs Kern-Tools digitaler Champions
- Praxisnahe Betrachtung mit vielen Anwendungsbeispielen
- Ein klares Vorgehensmodell: Beobachten, Erklären, Anwenden

Printed in the United States
by Baker & Taylor Publisher Services